スペシャリスト直伝!

中学校 体育科授業
成功の極意

下野 六太 著

明治図書

はじめに

　「A君は運動神経がいいからうらやましい」「私は運動神経が悪いから…」などという言葉をよく耳にしてきました。たしかに運動技能の習得に「早い」「遅い」はあるかと思います。しかし私は，「早く」運動技能を習得することが必ずしも良いとは考えていません。

　日本の伝統ある木造建築を手掛ける宮大工では，器用な人よりも不器用な人を弟子に採用すると聞いたことがあります。器用な人は仕事を覚えるのも早く手がかからない反面，簡単に手を抜くようになってしまう。それに対して不器用な人は，要領が悪く仕事を覚えるのに時間がかかりますが，両者を比較してみたら，結局，不器用な人の方が大成することが多いというのです。

　私は体育の授業も共通点が多いように思います。運動が得意な生徒は，運動技能を要領よく覚え短時間で習得しますが，運動が苦手な生徒は得意な生徒の2倍，3倍と時間がかかってしまいます。しかしそれだけ，より大きな感動があります。苦手な生徒が「できる」ようになった時，それはその生徒の一生の思い出として残っていき，輝く宝となるでしょう。

　今回，これまで30年間の体育授業の考え方や実際の指導の仕方をまとめさせていただきました。特に力を入れたのは，「ハウツー」ではなく，「何のための教育か」「何のための体育の学習指導か」という信念の内容です。「手っ取り早く」「簡単にできる」という考え方がもてはやされる中で，生徒たちの可能性を信じて励ましを送り，できるようになるまで寄り添い続けるというのは，骨の折れる仕事かもしれませんし，非効率的かもしれませんが，体育を指導する先生方は運動が苦手な生徒の味方であってほしいと思います。

　世の中には様々な苦労があると思いますが，次の時代を担う生徒たちのためにする教師の苦労ほど尊いものはないと思います。本著を手にした先生が生徒たちのために全力を尽くす姿を想像し，エールを送りたいと思います。

　2018年7月

下野　六太

Contents

はじめに 2

第1章
生徒がみるみる変わる！
下野式体育授業の鉄則30

鉄則 1	目的と目標を明確にする ……………………………………… 8
鉄則 2	運動の特性を踏まえて学習指導をつくる ………………… 10
鉄則 3	常に生徒の実態から授業を改善する ……………………… 12
鉄則 4	生徒の可能性を信じ抜く ………………………………… 14
鉄則 5	自分の身は自分で守らせる ……………………………… 16
鉄則 6	頑張らないで頑張らせる ………………………………… 18
鉄則 7	伸びた瞬間に本気でほめる ……………………………… 20
鉄則 8	できる子だけ伸びても意味がない ……………………… 22
鉄則 9	疲れる練習はできるだけ避ける ………………………… 24
鉄則10	他人ではなく，過去の自分と比較させる ……………… 26
鉄則11	仲間と喜びを共有させる―ST学習① ………………… 28
鉄則12	生徒の無限の可能性を発揮させる―ST学習② ……… 30
鉄則13	「つまずきビデオ」「示範ビデオ」を見せる―ＩＣＴ活用① ……… 32
鉄則14	ビデオを活用できる集団をつくる―ＩＣＴ活用② ………… 34
鉄則15	「ビフォービデオ」「アフタービデオ」を撮影する ―ＩＣＴ活用③ ……………………………………………… 36
鉄則16	「ビフォーアフタービデオ」を編集する―ＩＣＴ活用④ ……… 38
鉄則17	生徒たち相互のモニタリングを優先させる …………… 40

鉄則 18	研究授業こそ「生徒たち主役」の授業をする	42
鉄則 19	手本（示範）を示さずに最高の技能を身につけさせる	44
鉄則 20	技能の習得過程はシンプルにする	46
鉄則 21	教師の妙なプライドは捨てる	48
鉄則 22	教師の目標を明らかにする	50
鉄則 23	依頼された授業の公開は断らない	52
鉄則 24	先入観に支配されない	54
鉄則 25	必ずレディネスと単元終了時のアンケートを実施する	56
鉄則 26	指導と評価を一体化させる授業を行う	58
鉄則 27	教育は「サービス業」だと考える	60
鉄則 28	笛はむやみやたらに吹かない	62
鉄則 29	勢いのある授業をつくる	64
鉄則 30	上がった成果は保護者に還元する	66

Column 1 すべての授業を公開してみたら… 70

第2章 今すぐ使える！運動単元3点アドバイス

水泳

アドバイス 1	クロール	72
アドバイス 2	平泳ぎ	74
アドバイス 3	バタフライ	76

器械運動（マット運動）

アドバイス 4	後転	78
アドバイス 5	倒立前転	80
アドバイス 6	ハンドスプリング	82
アドバイス 7	連続技	84
アドバイス 8	集団演技	86

陸上競技

| アドバイス 9 | ハードル走 | 88 |
| アドバイス 10 | 走り幅跳び | 90 |

球技

アドバイス 11	バスケットボール（レイアップシュート）	92
アドバイス 12	サッカー（ボールコントロール・ドリブル）	94
アドバイス 13	バレーボール（パス）	96
アドバイス 14	バレーボール（スパイク）	98

武道

| アドバイス 15 | 柔道（けさ固め） | 100 |

Column 2 青年とともに成長を目指す―授業を実践した大学院生の感想①― 102

第3章
体育指導だけじゃない！
教師力向上の心得

心得 1　何のための教育かを明確にする ……………………………… 104

心得 2	生徒相互の人間関係を大切にする	106
心得 3	いじめ問題の捉え方を変える	108
心得 4	「なぜ?」「どうやったらできる?」を大切にする	110
心得 5	集団づくりは「見る」「聴く」「参加する」で決まる	112
心得 6	人生は何との戦いかを考える	114
心得 7	授業で成長している姿を保護者と学年教師に伝える	116
心得 8	ジャンルを問わず，常に勉強し続ける	118

Column 3　青年とともに成長を目指す―授業を実践した大学院生の感想②―　120

第4章　やればできる！体育授業が生んだ感動ドラマ

ドラマ 1	クロール1000mを泳ぎ切る	122
ドラマ 2	ハードル走で驚異のタイム	126
ドラマ 3	日本一のタンブリング	130
ドラマ 4	不可能を可能にしたST学習	134
ドラマ 5	考え方や生き方をも変えられる体育の学習	138

おわりに　142

第1章

生徒がみるみる変わる！
下野式体育授業の鉄則30

鉄則 1 目的と目標を明確にする

体育の授業で「人格者」を育てる

　私の授業では、生徒たちに「先生の願いはなんだ？」と尋ねると、「僕たち（私たち）が人格者になることです！」と元気いっぱいの返事が返ってきます。教育基本法では、「教育の目的」は「人格の完成」であるとうたわれています。これは、私なりの解釈ですが、「人格者になることが幸福への直道」であるからではないかと考えています。

　そのことと体育の授業がどのような関係にあるのかと、不思議に思う教師が多いかもしれません。私は、大いに関係があると言いたいのです。なぜなら、学習を指導する教師が「生徒たちを人格者に育てるのだ」という強い決意をもっているかどうかで、教師の一挙手一投足が決まってくるからです。

　では、生徒たちが「人格者」となるために、体育の授業はどのような役割を果たせるでしょうか。

　1つは、「仲間を助ける」ということです。私の授業では、早くA評価を獲得した生徒は、あたりまえのように仲間を助けに行きます。困っている人を助けるというあたりまえのことがあたりまえでなくなりつつある現代にあって、体育の授業でC評価からB評価やA評価に上がることができずに苦しんでいる仲間たちに救いの手を差し伸べられるような子どもを育てることこそ、大切なのではないかと思います。

　もう1つは、「目的に向かって努力する」ということです。後にも詳しく述べますが、私の授業では、単元の第1時間目に「ビフォービデオ」を、終盤に「アフタービデオ」を撮影することで、生徒たち自身が自分の成長を可視化できるようにしています。そして「ビフォービデオ」の撮影が終わったら、一人残らず全員が「アフタービデオ」撮影に向かって努力の歩みを止め

ません。それも，「人格者になる」という目的が，生徒にとっても教師にとっても明確になっているからだと思います。常に，生徒たちを「人格者」にさせるということを念頭に置いて学習指導を実践することが大切なのです。

目標は，全員が技能でA評価を獲得すること

「人格者を育てる」という目的をふまえ，体育の教科で具体的にどのような目標を設定すればよいのでしょうか？　私は，その運動単元の期間中に，全員に技能面でA評価を獲得させることを目標に授業を展開しています。

全員分の「ビフォービデオ」を撮影し終わって，いよいよ本格的な技能の習得の学習に入る際に，この単元のA評価は何で，B評価は何なのかを具体的に発表します。そして，「先生の目標は全員がA評価をとれるようにすることだ！　一緒に頑張っていくぞ！」と言うと，期せずして生徒たちから「オーッ！」と雄たけびがあがることもあります。全員がそれぞれの課題に挑戦し，全員にA評価獲得を目指す教師と自分のA評価獲得に向けて挑戦していく生徒たちとの本気の戦いが始まるのです。体育の授業とは，このような教師と生徒相互による戦いの場でもあると考えています。

毎日がドラマの連続

ある水泳の授業で，自分の持てるすべての力を結集して，仲間の評価が上がるように一生懸命努力している生徒がいました。自分のこと以上に仲間のことに一生懸命になっている姿に，見ているこちらまで感動が伝わってきました。その生徒を呼んで，「なぜそんなに頑張っているのか？」と尋ねてみると，「だって，先生が人格者にならなければならないと言ったじゃないですか」と平気な顔をして言ってきたのです。生徒たちには，「優れた人格は行動になってあらわれる」と日々指導している私の言葉に，生徒たちは行動で応えてくれています。

「人格者を育てる」ことを意識した体育の授業を展開することで，毎日がドラマの連続のようになるのです。

鉄則 2 運動の特性を踏まえて学習指導をつくる

運動の特性を踏まえるとは

　子どもの運動技能を伸ばしていくためには，運動の特性を正しく理解した上で学習指導を展開しなければなりません。

　例えば，市民プールの長距離を泳ぐためのコースで泳いでいる人たちの泳ぎは，ほとんどの場合，クロールです。それは，長距離を楽に効率的に泳ぐためには，クロールがもっとも適しているからです。実際に，長距離を泳いでいる人たちに「なぜクロールで泳いでいるのですか？　なぜ平泳ぎで泳がないのですか？」という質問をすれば，おそらく「クロールが楽だから」「クロールが泳ぎやすいから」という答えが返ってくるでしょう。

　もし，水泳の授業で，長距離は平泳ぎばかりを行い，クロールは25mの短距離しか学習しなかったとしたらどうでしょう。その場はそれでよくとも，生涯スポーツにはつながりにくくなりますね。クロールという泳法の特性をきちんと把握していれば，自ずと体育の授業も変わってくるはずなのです。

バスケットボール・サッカーの例

　球技はネット型・ベースボール型・ゴール型に分類されますが，このうち「ゴール型」の運動種目であるバスケットボールとサッカーを例に考えてみましょう。同じ型に入っているという理由で，バスケットボールとサッカーに対する運動の特性も同じように考えていると，授業はうまくいきません。

　サッカーの試合を想像してください。キックオフから試合が開始され，華麗なパス交換でゴール前に迫り強烈なシュートを放つも，キーパーのファインセーブに阻まれます。こぼれ球をディフェンスが拾い速攻につなげ，こちらも少ないパス交換で素晴らしいシュートにつなげることができましたが，

ゴールポストやクロスバーに阻まれ、シュートは入りませんでした。終わってみれば、スコアレスドローの0対0でした。これは実際に競技のサッカーでも大いにあり得る話です。

　では次に、バスケットボールの試合で考えてみます。センタージャンプで試合が始まり、華麗なパス交換をして、シュートを打ちますがリングに当たって入りません。敵がリバウンドボールをとり、速攻をしかけます。こちらも惜しいシュートの連続でしたが、結局シュートは入りません。両チームともに惜しいシュートの応酬で、終わってみれば0対0のスコアレスドロー。競技のバスケットボールでは、このようなことは現実的にありえません。しかし体育の授業では、これに似た試合がよくあるのではないでしょうか。そうなってしまうのは、バスケットボールの運動の特性を踏まえた授業づくりができていないからだと考えます。

　なぜ、サッカーであり得る話がバスケットボールではあり得ないのでしょうか。それはひとえに、両者の運動の特性の違いによるものです。つまり、サッカーは「点が入るとは限らない」スポーツとして、バスケットボールは「点が入る」スポーツとして、運動の特性を捉える必要があるのです。

　これらの特性を踏まえると、サッカーでは、「ボールコントロール」(ドリブル・トラップ・パス)のクローズドスキルを中心とした単元計画を構成すること、対してバスケットボールでは、「シュート」(レイアップシュート・リンク下シュート)のクローズドスキルを中心とした単元計画を構成することで、面白いゲームにつなげることができます。サッカーでは、シュート練習に時間を使うよりも、「キーパーが取れないところにパスをする」という考えの方がよいのではないでしょうか。

　体育では、1つの単元にあてられる時間数はだいたい10時間前後です。限られた時間を有効に使うためには、単元の運動の特性をどのように捉え、単元全体を通して何を中心に身につけさせるかをはっきりさせる必要があります。思い切って省くところは、勇気をもって省くべきだと考えています。

鉄則3 常に生徒の実態から授業を改善する

授業は常に生徒の実態から出発する

　これまで，学校現場や研究発表会等で数多くの授業を参観してきましたが，「生徒の実態」から授業を柔軟に変化させているような授業をほとんど見たことがありません。どうも「生徒の実態」は参考程度にしか考えられていないような感じを受けます。

　しかし私は，「授業は常に生徒たちの実態から出発すべきだ」と言い続けてきました。生徒たちの集団にはいろいろな特性があります。また，生徒たちは学習活動の中でいろいろな成長を見せます。教師はその実態を把握し，身につけさせたいスキルを考えた上で，学習活動を変化させていくべきだと考えています。

身につけさせたいスキルを見極める

　再び，バスケットボールを例にとって考えてみたいと思います。新中学校学習指導要領では，第1学年及び第2学年のゴール型球技の指導事項として，「ボール操作と空間に走り込むなどの動きによってゴール前での攻防をすること」についてゲームが展開できるようにすることが挙げられています。

　レディネス（準備）として「レイアップシュート」と「リンク下シュート」をさせてみたところ，ノーマークの状態で3回チャレンジしてもシュートが入らない生徒が，半数以上いるような集団だったとします。

　この場合，「ノーマークのレイアップシュート・リンク下シュートが入らない」というのがこの時点での生徒たちの実態です。まずはノーマークの状態で，「レイアップシュート」と「リンク下シュート」が入るようにならなければ，ゲームを楽しむことはできません。教師は，それらがノーマークで

きちんと入るような学習指導へと修正していくことが大切です。具体的な指導内容については，第2章アドバイス11「バスケットボール」の項で詳しく述べますが，まずは必ず身につけさせたいスキルは何なのかをはっきりさせること，そして，それらを単元の中でどのように位置づけて，取り扱っていくかを大切にしていく必要があると思います。

また，クローズドスキルを身につけさせていく際には，必ず，ゲーム等でのオープンスキルで発揮されるような学習指導にしていくことが重要です。

学習活動を柔軟に変化させる

次にバレーボールを例にして考えてみましょう。バレーボールは他の球技とは大きく異なる特性をもっています。(テニス・卓球を除いた) 集団スポーツである球技では，よほどゴール前での決定的なミスでもない限り，1つのミスが即失点につながるとは限りません。しかしバレーボールは，ミスがそのまま失点につながるスポーツです。相手コートから飛んできたサーブに対し，レシーブを失敗すれば即相手に得点が与えられます。これはレシーブからトスの場面でも，スパイクの場面でも同様です。

そのような特性をもつバレーボールでは，アンダーハンドパスやオーバーハンドパスがある程度できていないとゲームになりません。

しかし，学習集団の実態として，単独で行う直上のオーバーハンドパスが5回以下しかできない生徒が半数以上いるとしたらどうでしょうか。まずは，ゲームをやるよりも基本的なパスのスキルを上げることが要求されるでしょう。またその逆も同様で，対人の2人組のパスを50回以上続けられるペアが半数以上いるような集団であれば，パスの基本練習からゲームに時間を割いていく方がいいでしょう。

これは何もレディネスの状態に限った話ではありません。単元の途中で集団は成長していきますから，成長に合わせて柔軟に学習活動の内容を変化させていくべきだと思います。常に学習者の実態から学習活動を変化させていくことができるような授業を行ってほしいと考えています。

鉄則 4 生徒の可能性を信じ抜く

生徒の可能性の大きさ

　一口に「生徒の可能性を信じ抜く」と言っても，難しいことは承知しています。しかし，私はこの30年間，生徒の可能性の大きさに幾度となく驚かされてきました。

　平成21年に，ハードル走で初めて「ビフォーアフタービデオ」を作った時の衝撃は今でも忘れられません。「ビフォー」から「アフター」にかけて，わずか7～8時間の授業の中で，別人のように成長を遂げていました。

　これは先日の話ですが，中1のサッカーの授業で再び，衝撃的な場面に出くわしました。60cm程度の高さのコーンを10個並べてドリブルを行う「ビフォーアフタービデオ」を制作していた時の事です。ある女子が全くボールコントロールができず，ボールを足で触るたびに左に行き，右に行き，2つ3つのコーンを通り越してはもとに戻るというようなことを繰り返していました。普通の女子が23秒前後で終了するところを彼女は平均の倍以上の49秒もかかっていました。しかしそれから3時間の授業の後，アフタービデオの撮影では，彼女は別人のように，すいすいとドリブルをするではありませんか。タイムは17秒になっていました。尋ねてみると，「ボールコントロール練習に集中しました」とのことでした。てっきり家で相当練習したのだろうと思っていましたが，授業だけに集中したとのことでした。

　改めて人間の可能性の大きさを思い知らされるとともに，生徒たちの可能性の大きさをもっと信じ抜いていかねばならないと思った経験でした。

残り10％を諦めない

　私は，3年間の水泳学習指導でクロールは1000m，平泳ぎは800m，バタ

フライは25mの距離を全員が泳ぐことができるようになることを保証してきました。80〜90％の生徒たちが泳げるようになるのは，そこまで難しいことではありません。しかし，残る10〜20％の生徒たちを泳げるようにするのが難しいのです。そして，「全員が」泳げるようになるかどうかは，この10〜20％の生徒たちの可能性を，いかに信じ抜けるかにかかっているのです。自分の周りの仲間たちは泳げているのに，自分だけは泳げない。教師があきらめてしまえば，泳げない10％の生徒は「みんなは泳げているのに，自分はどれだけやっても泳げるようにならない」と自分を卑下するようになるかもしれません。たとえ90％の生徒たちが泳げるようになっていたとしても，そのような生徒を1人でも生み出してしまえば，何のために一生懸命学習指導を行ってきたか，その価値さえ問われるのではないかと思えます。

できない人の「共通点」を見つける

　生徒の可能性を信じ，できない生徒にも目を向け指導し続けていくことで，できない「共通点」がはっきりわかるようになってきます。教師の仕事は，この「共通点」をしっかりと見極め，「できない」から「できる」に変える指導を行っていくことではないでしょうか。
　例えば「泳げない」共通点を考えた時，クロールの場合には，泳げるようにならない最大の障壁は「息継ぎ」（呼吸）であることがわかってきました。もちろん，問題はそれだけではなく，ストリームラインやリラックス，プルとキックの問題等もありますが，「息継ぎ」さえマスターしてしまえば，他のスキルが多少まずくとも1000mの距離を泳ぎ切る姿を見てきたのです。
　毎年夏休みには，1学期中に目標の距離を泳ぐことができなかった生徒たちに声をかけ，補充学習を行うようにしています。この学習会には，明らかに「なぜ自分が来なければならないのか」と不満を態度に示す生徒もいます。しかし私は，生徒たちと一緒に根気強く泳げるようになる日まで付き合い続けます。目標を達成してうれし泣きしている生徒を見て，いつも「生徒の可能性の大きさを信じてきて良かった」と思っています。

鉄則 5 自分の身は自分で守らせる

安全が最優先

　建設現場等に行くと,「安全が最優先」という看板を目にすることがあります。体育の授業でも,その考えと同じでいいのではないかと思います。朝,健康な状態で預かった生徒たちを,放課後も同じ健康な状態で家路につかせることが,最も大切なことなのではないかと考えています。
　体育の学習で新しいスキルを身につける時や,ゲームや試合をする時には,予期せぬ出来事に見舞われ,けがをしてしまう危険性が常にあります。もちろん,そのけがはできるだけ最小限に食い止めなければなりません。そのためには,「安全が最優先」ということを徹底する必要があります。

自分の身は自分で守る

　そこで,行き着いた考えは「自分の身は自分で守る」という考え方です。これはあたりまえと言えばあたりまえのことかもしれませんが,授業のあらゆる場面で,私は「自分の身は…」と大きな声で言い,その後に続けて,生徒たちに「自分で守る！」と言わせています。その際,より具体的な指導として,「いいか,先生が『〇〇をしなさい』という指示を出した際に,先生の指示通りにそれを行うとけがをしそうだと思った時は,その指示に従わなくてよいからな」と言っています。このような指導をすると,生徒たちが消極的になり,活動に影響が出るのではないかと心配したこともありましたが,それは杞憂に終わりました。生徒たちは,「新しいスキルを獲得したい」「身につけたスキルでゲームを楽しみたい」と心から思っています。挑戦を控えるということはほとんどありません。もっと,もっと口を酸っぱくして,それこそ耳にタコができるくらいに言い続けてちょうどよいのかもしれません。

「絶対にけがをしてはならない」という教師のメッセージを明確に伝えることは非常に大切なことだと考えています。

危険な運動は単独練習を避ける

体育の運動の中でも，特にけがにつながりやすいのが，マット運動です。マット運動は，ちょっと気を緩めればけがにつながってしまう危険性が大きい運動です。もちろん，細心の注意を払って指導する必要があります。

私の場合，具体的には次のような基準で運動の危険さを伝えています。

> 「先生が見ていないところでも練習をしていい」
> 「先生が見ていないところでは練習を一人でしてはいけない」

何を基準にそれらを見極めているかを言葉では説明しづらいところはありますが，けがの危険性がある場合は，必ず，単独練習は避けるように伝えています。

けがをする危険性が低い技としては，前転・後転・開脚前転・開脚後転・伸しつ後転などがあげられます。

一方，けがをする危険性が高い技としては，倒立前転・側転・とび前転・ハンドスプリング・ヘッドスプリング・ネックスプリング・後転倒立があげられます。

けがの危険性が低い技については，「けがをしないように自分で注意をして挑戦していきなさい」と言っています。けがの危険性が高い技については，「単独で練習したければ，必ず先生の許可を得なさい」と指導しています。

また，先生の許可を得たからといって，けがの危険性がなくなるわけではありませんので，「細心の注意を払って絶対にけがをしないようにしなさい」と何度も注意をしています。

鉄則 6 頑張らないで頑張らせる

「頑張らない」ことを「頑張らせる」

　授業だけではなく，様々な場面で「頑張れ！」という言葉をよく耳にします。それについては否定するつもりはありませんが，体育の授業では「頑張らせてはいけない」場面があります。体育の授業においては，「頑張らない」ことを「頑張らせる」（徹底させる）という場面が少なからずあることを知ってほしいと思います。

　「なぜ授業時間数の短時間だけで，このような成果をあげることができるのですか？」と参観に来られた先生方から質問を受けることが多くあります。明確な回答はいまだ追究している最中ですが，1つ，あげるとすれば，技能獲得段階において，「頑張らない」を明確に設定していることにあるのかもしれません。

　生徒たちが技能（スキル）を獲得していくまでの過程の中で，初期の段階では，「ゆっくり，ゆっくり」やるように指導しています。「できるだけ肩の力を抜いて，ゆっくり，ゆっくりやりなさい」と言っています。放っておくと，生徒たちはどうしても急ぎすぎる傾向にあります。生徒たちには口を酸っぱくして，「スピードをあげるのは最後！」「技能を獲得している段階では，絶対にスピードをあげてはいけない」と指導しています。技能を獲得できるようになるまでは，スピードをあげるような頑張りはさせず，肩の力を抜いてゆっくり確実にスキルを身につけさせるようにします。

　本物の技能を獲得する過程の初期段階の動きを理解し，ゆっくりと着実に，きちんとその動きができるようになってから，徐々にスピードを増していくようにさせることが，最終的に技能獲得の早道だと思っています。くれぐれも決して急がせないことが大切です。

クロールにおける「バタ足」の場面

　クロールを例にして考えてみましょう。詳細は第２章で述べますが，私は，クロールで長距離を泳げるようになるためのポイントを，「リラックス（浮いているついでに泳ぐ）」，「毎回息継ぎ」，「バタ足ではなく，パタ足」の３つに絞って指導しています。この３つのポイントのうち，１つ目と３つ目は，ともかく「頑張らせない」ことが鍵でした。特に３つ目の「パタ足」というのは私の造語ですが，これも頑張らせないことを伝えるためのものです。

　人の筋肉の中で最も大きな筋肉と言われているのは大腿四頭筋です。従来のクロールのバタ足の練習では，この大腿四頭筋を一生懸命に動かしてキックの練習をやっていました。大腿四頭筋を一生懸命に動かすと，心拍数が上昇します。心拍数が上昇すると心臓の拍動数が増え，その結果，酸素が必要となるため呼吸数が増えます。クロールの息継ぎが不十分な生徒たちがバタ足のキックを頑張った結果，酸素を十分に取り込むことができず，ついには苦しくなって立ってしまうのです。「一生懸命に頑張って泳いでしまう」ことが，逆に泳げなくする原因を作ってしまうのです。

平泳ぎにおける「伸び」の場面

　平泳ぎでも，同様のことが言えます。500m以上の長距離を平泳ぎで泳がせるような場合には，泳ぎ全体の中で脱力して「伸び」のある場面を入れないと苦しくなります。平泳ぎは，何も指導しなければ両手と両足を常に動かし続けるような泳ぎになり，疲れて長い距離を泳ぐことができないまま終わってしまうことが多いものです。

　平泳ぎにおいては，指先から足のつま先までが一直線に伸びている時に，「体中の力を抜いて休みなさい。休憩を泳ぎの中に位置づけながら泳ぐんだ」と言っています。具体的には，「２秒から３秒くらいの時間『伸びる』ようにしよう。その時間は休憩の時間だ」と指導します。こうして「伸び」のある平泳ぎを生徒たちはマスターしていきます。

鉄則 7 伸びた瞬間に本気でほめる

アンテナをはり，サーチライトのように

　私たち体育の教師の最も大きな仕事の1つが「評価」であると思います。毎時間の体育の授業の中で，生徒たちは感動的なくらいの伸びを見せてくれます。教師は授業の中で，アンテナをはり，サーチライトのように全員の活動の様子を見守り続けねばなりません。その中で，前の授業の時にはできていなかったスキルを身につける生徒が出てきます。その瞬間に，すかさずその場でその生徒にむかって「○○，上手になったな」とか「○○，できるようになったな」ということを，本気で本人に伝えるようにしています。

　誰よりも本人が「できた！」「できるようになった！」と自覚しているわけですから，その場面で，すかさず教師が本気のほめるという行動をとれば，生徒たちの喜びは倍加します。多くの生徒たちが単元終了後の感想文に，必ずと言っていいほど，「先生にほめられて嬉しかった」というような言葉を載せています。

生徒たちの最新のスキルを覚える

　私は，これまでの人生の中で周囲の方々から「頭がいいですね」等のことを言われたことは一度もありません。実際，自分でも頭は悪いと思っているのですから，無理もないことです。しかし，そんな私でも，常に教えている生徒たちの最新のスキルを覚えています。

　上達した瞬間にほめることができるようにするためには，授業での生徒たちのスキルの状況を漫然と見るのではなく，全員分のスキルを覚えておくことが大切です。

　他人の欠点やあらは努力せずとも目に入るものですが，長所やほめる場面

は，こちらが意識して「ほめよう」と思わないと気が付きにくいものです。優れた教師はこの「ほめる」という行為を，最高のタイミングで，最高の言葉をもって実践することができます。自分自身を磨き，向上心をもって精進していく中で，生徒たちにとって生涯忘れることができないような「ほめる」指導をしっかり生徒たちの心の奥底に届けることを大切にしています。

授業場面での「ほめる」と「励まし」

　私の体育授業での言葉がけの大半は，「ほめる」と「励まし」になっています。他人事のような書き方になっているのは，この「ほめる」「励まし」をほとんど無意識下に行っているからです。

　先日，中1女子の生徒たちのサッカードリブルにおける「ビフォーアフタービデオ」の動画を，ある青年教師に送った時に，私としては生徒たちの「ビフォー」から「アフター」にかけての成長の姿を見てほしいという願いをもって送ったつもりだったのですが，図らずも「アフターの時にかけている先生の言葉がけが大変勉強になりました」というメールをいただきました。慌てて送った動画を再生してみると，ちょっと恥ずかしくなるくらい「アフタービデオ」撮影に挑んでいる女子生徒に励ましの言葉を送り続けていたのでした。

　私は「ビフォービデオ」撮影時には，一言も発していません。「ビフォービデオ」はレディネスのありのままの姿でいいと考えているからです。それに対して「アフタービデオ」では，「ビフォービデオ」の状態から明らかに成長している姿を撮影し，記録に残し，生徒たちに達成感を味わってほしいという願いがあるため，教師の声がけも必死になっているのです。

　生徒たち一人残らず全員に，「達成感を味わってほしい」「やればできる」という自信を身につけてほしい。そのような強い願いをもっていると，自然と言葉が発せられるようになってきます。どのような声をかければいいかという「ハウツー」では，本当の意味で人は育ちません。こんな人になってほしいという強い願いがあって初めて，様々な言葉が紡ぎだされてきます。

鉄則 8 できる子だけ伸びても意味がない

体育の授業は誰のものか

　体育の授業は誰のものでしょうか？「生徒全員のもの」と答える教師が多いのではないかと思います。しかし，現実はそうなっているでしょうか。様々な学校の体育の授業を見てきましたが，体育の授業が一部の体育好きな生徒の活躍の場になっている授業をよく見ます。運動が苦手な生徒や体育嫌いな生徒たちが小さくなっていないでしょうか。

　運動が得意な生徒やできる生徒だけが伸びている体育の授業に感動はあるでしょうか。どこかしらけた雰囲気になってはいないでしょうか。私はどちらかといえば，運動嫌いな生徒たちや運動が苦手な生徒たちの味方になりたいと常々思い実践してきましたし，これからもそうするつもりです。

　冒頭にあげたように，体育の授業はみんなのものであると思います。真の意味で「みんなのもの」にするためには，体育嫌いな生徒や運動が苦手な生徒にこそ光を当てることが重要になってくるでしょう。後でも述べますが，A評価を獲得している生徒たち（運動が得意な生徒たち）が，B評価やC評価の生徒たちに教えるという「ＳＴ（スモールティーチャー）学習」では，できる生徒たちが，まだできていない生徒たちに教えるという学習形態をとっています。この学習で，Ｂ・Ｃ評価の生徒たちが伸びた時に，教えたＳＴの生徒と教えられた生徒が共に喜んでいる姿が日常的に見られるようになります。世の中「自分さえよければいい」という風潮もある中で，体育の授業では助け合いの姿が定着しています。できる子だけが伸びる体育の授業と，できる子とそうでない子がともに伸びる授業と，どちらが感動的で価値があるか，言うまでもなく後者です。できる子が伸びたら，まだできていない子を教えます。それをあたりまえとしていく体育の授業には毎時間，感動が見

られるようになるでしょう。

誰もが楽しめるサッカー

　今から15年前，サッカー単元の指導を開始する前にアンケートを実施したところ，私は驚きました。生徒たちの半数近くが，サッカーに対して「嫌い」か「大嫌い」と回答していたからです。それまでは，サッカーというスポーツは生徒全員から愛されていると思い込んでいました。理由を見てみると，「試合でボールに触ることができないから」「得意な子だけが活躍して面白くないから」「下手だからチームに迷惑をかけるのがいや」といった理由が大半を占めていました。そして実際の授業に入り，サッカーが「嫌い」だと答えた生徒たちの動きや反応をじっくり見てみると，なるほどアンケートの回答通り，サッカーに対して自信がないために消極的になっていました。

　そこで私は，ゴールの数を１つから３つに増やし，また時にボール数も１つから３つに増やしてみることにしました。すると，これまで消極的だった生徒たちも，生き生きと活躍し始めました。サッカーが得意でなくても，簡単にボールに触ることができる。チームに迷惑をかけるからと遠慮する必要もありません。そのような状況をつくり出すことで，単元終了後の感想では，「中２で初めてサッカーが楽しいと思いました」「初めてシュートを打って決まった時は楽しいと思いました」等，「初めて…」という言葉が躍動しているような感想が多く見られました。

　また着目すべきは，これまでサッカーに対して消極的だったり，しりごみしたりしていた生徒たちが生き生きとサッカーに取り組み始める姿を見て，サッカーが得意で活躍していた生徒も，これまで以上に嬉しそうにしていたことです。サッカーに対して，「遠慮」したり，「しらけ」たりする生徒がいなくなることで，全員が夢中になってゲームに取り組むことが出来ました。

　運動が嫌いな子，苦手な子がいれば，まずは嫌いな理由・苦手な理由を考えてみましょう。それに合わせた工夫を図ることで，「誰もが楽しめる」という状況をつくり出すことができます。

鉄則 9 疲れる練習はできるだけ避ける

「根性論」は不要

　体育の学習に「根性論」を持ち込むのは不要だと考えています。私は，技能を身につけさせるのに，声高に「気合いだ！」とか「根性出せ！」等と言ったことはありません。最後の最後には気合いや根性が必要になる時もあるかもしれませんが，最初から「根性論」を持ち込む必要はないと考えています。

疲れない練習を繰り返す

　ハードル走を例にして考えてみましょう。中学校の体育の学習でのハードル走は，一般的に50mハードル走です。これは，50mの走路に5台のハードルを置いて，タイムを競い合うものです。

　かつて講師を務めさせていただいた研究会で，50mハードル走の単元計画を書いてもらったことがあります。この時に作成された単元計画では，5台のハードルをそのまま跳ぶ練習が計画されていました。これまで参観してきた50mハードル走の授業も，ほとんどが5台のハードルを跳ぶ学習でした。

　後で詳しく説明しますが，5台のハードルをそのまま跳んでいくと，上手にハードリングができない場合は，2台目から失速して3台目，4台目をうまく跳ぶことができないことが多いです。50mばかりを練習させていても，疲れてしまって途中で初速のスピードが落ち，結局2台目以降のハードルをうまく跳ぶことができなくなってしまうのです。

　これを解消するために，私は50mハードル走の単元計画でも，第2時〜第4・5時くらいは5台のハードルを跳ぶのではなく，2台のハードルを跳ぶ練習を行うようにしています。距離にして約25m，この距離に2台のハード

ルを設置し，駆け抜けるようにさせています。この２台のハードルを跳ぶ練習で，ハードリングを身につけさせることが目的ですが，25mという短距離であれば，何本でも練習することができます。

トップスピードで駆け抜けることも大切ですが，同時に「疲れないように何度も駆け抜けられるようにしなさい」とも言うようにしています。２台のハードルを失速せずに駆け抜けられるようになって，初めて３台目以降のハードルを跳ばせるように計画しているのです。

技能を確実に身につけるためには，疲れさせないような練習を繰り返し行うことが大切です。

結果につながる練習を

もう１つ，サッカーの例で考えてみましょう。先にも述べましたが，サッカーは「ボールコントロールに始まり，ボールコントロールに終わる」と思っています。そのため，サッカーの授業では，コーンを10個並べたコースをドリブルで駆け抜ける様子を「ビフォーアフタービデオ」に撮影し，記録の向上を図らせます。

このドリブルで成果を上げさせるために，私は４〜５人の少人数グループにマーカーコーンを５つと普通の大きさのコーンを５つ準備し，普通の大きさの５個のコーンは本番と同じように５つ並ばせ，残るマーカーコーンは自由に使って練習してよいという指示をだしました。

最初は，10個のコーンを並べた本番コースで練習する生徒が多く出ますが，はかばかしい結果は得られません。そこで頃合いを見計らい，「コーン10個の本番コースで何度も挑戦すると，疲れてしまって記録の向上が望めなくなるよ」，さらに「記録の向上を望むなら，疲れないように５個のコーンで繰り返し練習する方がいいよ」と助言を出します。納得した生徒たちは，疲れないように気をつけながらドリブルの練習に精を出し，平均で10秒近くも記録を短縮することができました。疲れさせないよう気をつけると同時に，生徒のモチベーションを保たせることが結果につながります。

鉄則 10 他人ではなく，過去の自分と比較させる

自分の伸びを実感させる

　私は体育のすべての単元で，「ビフォーアフタービデオ」を制作し，全生徒に視聴させるようにしています。単元の最初の段階での自分の映像（過去の自分）と単元終了時の自分の映像（今の自分）とを比較し，感動をプロデュースしたいと考えているからです。

　「ビフォーアフタービデオ」で自分の映像の順番がまわってくると，生徒たちはドキドキしながらも実によく観察しています。「『ビフォー』の時は，○○の部分が△△だったが，『アフター』の時には，□□になっていた」というように，具体性をもって自分の技能が「ビフォー」から「アフター」にかけて伸びていることを認識できるようになっています。

　他人と自分を比較して優越感に浸ったり，劣等感にさいなまれたりするのではなく，あくまで「過去の自分」と「現在の自分」を比較し，自分の伸びを実感できるようにすることで，自分の成長をしっかりと認識させることができるのです。

　中学生という年代は，ともすれば他人と自分を比較して一喜一憂してしまうことが多いものです。この年代に，「過去の自分」と「現在の自分」を比較し，その中で自分の伸びをしっかり実感できる習慣を身につけることは，長い人生をよりよく生きる意味でも価値が大きいと考えています。

わずかな「伸び」も生徒は見ている

　10年もの間生徒たちを指導していると，まれにお世辞にも「劇的」とは言えないような「ビフォーアフタービデオ」になってしまう時があります。以前，「走り幅跳び」と「ハードル走」の陸上競技で，成長と言える変化がわ

ずかしかないような「ビフォーアフタービデオ」になってしまったことがありました。わずかな「伸び」しか見られなかったことに対して，教師としては，大変申し訳ない気持ちでいっぱいになり，ドキドキしながら生徒たちと一緒に「ビフォーアフタービデオ」を視聴しました。しかし，伸びが不十分だと思っていた生徒の表情は，とても明るいものでした。そして驚いたことに，授業後に本人が書いた感想文は，「劇的」な変化を遂げた生徒と全く同様のものでした。教師が見逃してしまいそうなわずかな変化であっても，生徒たちは見逃さず，きちんと自己評価ができています。以下は，その生徒の書いた感想文です。

●努力は無駄にはならない（中2・女子）

　私ははじめ，ハードル走に対して恐怖心をもっていました。
　それは，とてもこけそうというか，実際，こけたことがあるからです。だから私はハードルが嫌いだったし，タイムやフォームが良くなるわけがないと思っていました。
　しかし，先生やＳＴが熱心に指導してくれて，私も「頑張ろう」という気になれました。少しでも良い評価になれるよう，何回も何回もバテるまで跳びました。
　運動が得意でなくても，「頑張ればできる」ということを証明したくて，一生懸命取り組みました。時には，「友達はできているのに」と思うこともありましたが，その悔しさをバネに，もっと頑張ろうと思えました。記録が伸びた時にはうれしくて仕方がなかったです。だけど，最終的にはタイムもフォームも「Ｂ評価」で終わってしまいました。しかし，全力で取り組むことができたし，たくさん努力もしました。だから，私は自分のもっている力は出し切れたと思います。そして，最初の時より，明らかにタイムは伸びたし，フォームもそれらしくなりました。私はハードル走を通して，「努力は決して無駄にはならない」ということを学びました。今回学んだことを私生活にも生かして，何があっても努力は怠らないようにして自分のもっている力を存分に発揮できるようにしたいです。

鉄則11 仲間と喜びを共有させる ―ST学習①

A評価の基準を明確に示す

　体育の学習のすばらしさの１つに，「仲間と喜びを共有できる」ということがあると思います。その喜びを意図的に生み出すことができるのが，「ST（スモールティーチャー）学習」です。体育の学習過程においては，生徒が仲間と喜びを共有する姿が偶然に生まれることもありますが，ST学習は，そういった機会を教師側が意図的に「仕組む」ことになります。

　ST学習では，技能におけるA評価を獲得することができた生徒が，まだB評価やC評価の生徒たちに教えていきます。この時大切なのが，ST学習を行う前の段階で，何ができたらB評価で，何ができたらA評価を獲得できるのかを生徒たちに明確にすることです（「評価基準」による「指導と評価の一体化」）。そうすることで，A評価を獲得しSTとなった生徒が，現在C評価やB評価の生徒の技能を見て，まずどこを改善すればBに，あるいはAに上がることができるのかということがわかるようになります。STとなった生徒は，その部分を集中して教えることができるため技能の改善が図りやすくなります。

自分以外の成長を喜ぶ

　技能の改善をはかる学習は，教師が介入せず，STの生徒と進めていきます。STの生徒は，担当する生徒の技能の改善ができた場合に，教師からの評価を受けるように勧めていきます。すると，勧められた生徒は，結構な自信をもって評価のテストに挑んできます。

　そのような過程を経て，勇気をもってテストに挑んだ生徒が，教師からの評価で上に上がれたことが確認できた時，STの生徒とSTに教えられた生

徒の両方が，ともに喜ぶ姿があたりまえのように見られます。

　これまでの体育の授業での「喜び」は，自分の技能が伸びた時，自分の所属するチームが勝った時，自分が活躍することができた時など，主に自分に関するものが多かったのではないでしょうか。それに対して，ＳＴ学習では，成長を遂げた生徒だけでなく，その生徒を教えたＳＴの生徒も，ともに喜びあう姿が見られます。

　水泳が大の苦手だった中１女子の感想文を紹介します。

●友達がいれば乗り越えられる（中１・女子）
　水泳は幼いころから苦手で，小学生の時もクロールでやっと12m泳げるだけでした。（中略）バタフライはすぐきつくなって私はすぐ立とうとしてしまいます。でも，そんな時Ｍさんは「大丈夫！　大丈夫！　あとちょっと！　○○ちゃんならいける!!」とか「あきらめちゃだめ!!」とか言っていつも励ましてくれて，それがすごい心の支えになって，"泳いでやる!!"って思えました。それにＭさんは，いつも隣で一緒に泳いでくれたり，見ていてくれたりしたので"一人じゃないんだ"って思えて安心できました。
　そして，水泳学習最終日。（中略）Ｍさんが「ここまで頑張ってきたんやけん，最後まで一緒に頑張ろう！」って言ってくれて，最後の最後まであきらめませんでした。一生懸命泳ぎました。でも，チャイムが鳴って，"もうだめだ"と思い，Ｍさんに申し訳なくなって，Ｍさんのもとへ行きました。すると，「○○ちゃん。まだ，間に合うよ。先生にお願いして見てもらいなよ！」と言ってくれ，先生にお願いすると見てもらえることになりました。今までＭさんと頑張ってきたことを無駄にしたくなくて，今までのすべてをラストの１回にかけました。Ｍさんに教えてもらったたくさんのことを思い出しながら全力で泳ぎました。あっという間に泳ぎ終わってみるとＣからＢに上がることができました。私はこの経験から"努力すれば報われる""苦手なことだってきっと好きになれる""大変なことだって先生，友達がいれば乗り越えられる"ということを実感しました。本当にありがとうございました。

鉄則 12 生徒の無限の可能性を発揮させる─ＳＴ学習②

「生徒が教える」という可能性

　私がＳＴ学習を実践し始めて15年の月日が経過しましたが，やればやるほど，このＳＴ学習の奥深さに自分でも驚くことが多いものです。ＳＴ学習を通して，「教師は教える人」で「生徒は教えられる人」であるという一般的な授業形態の概念を覆すと同時に，「教えられる」だけのはずの生徒が，実は「教える」ことがとても上手であるということを発見することができました。これは，単元終了時に書かれた生徒たちの感想に如実に表れています。感想では，自分を伸ばしてくれたＳＴの生徒に対する感謝の言葉が並び，このＳＴ学習のおかげで自分は伸びることができたと分析する生徒たちが非常に多いのです。

　ＳＴ学習は，技能を身につけるだけでなく，「教える人」としての生徒の可能性を引き出す学習にもなります。

生徒が直した「かえる足」

　「教える人」としての生徒の大きな可能性を感じた事例を１つご紹介します。

　私は30年の体育の授業経験を通して，身につけさせる様々な運動のスキルの中でも，最も難しいのは「平泳ぎのかえる足」ではないかと思っています。

　2017年の夏のこと，中１の平泳ぎの学習の最終盤，なかなか「かえる足」が直らない男子生徒（Ｋ君）がいました。その生徒のかえる足を見ると，ひと目で「簡単には直らない」ということが，これまでの指導経験からわかりました。しかし，私がその生徒１人についてしまうと，他の生徒たちへの評価等がストップしてしまいます。そこで，イチかバチか，ＳＴとなっている

生徒の中から男子2名，女子2名の計4名を呼び，「K君のかえる足を直してくれないか？」と尋ねました。その4名は快諾してくれましたが，一生懸命に取り組んだ結果，もしK君の足が直らなければ，生徒たちは自分たちの力量不足を痛感して，落ち込んでしまうのではないかという不安もありました。

そこで私は正直に，「かえる足」を身につけるのがいかに難しいことか，K君の「かえる足」を改善することは相当に難しいということを伝えました。それはとにかく，うまくいかなくても4人が落ち込むことのないようにと考えてのことでした。

しかし，教師の不安をよそに4人は，「そんなに難しいのなら，やってやろうじゃないか！」と燃えていました。すると，STの生徒たち4人がかりでK君のかえる足改善への挑戦が開始されて15〜20分が経過した頃，4人が嬉々として，「K君のかえる足が直りました！」と言うではありませんか！

にわかには信じられず，「うそやろ？」と言ってしまいましたが，K君にやって見せてもらうと，本当に「かえる足」がきれいに直っていたのです。課題の困難さをそのまま伝えたことが，図らずも生徒の「教える人」としての可能性を引き出す結果となりました。その時の様子をSTの生徒が書いていますので紹介します。

●平泳ぎの感想（中1・女子）
　先生からは「直すのは難しいぞ」「直せたらとてもすごいぞ！」と言われて，私はやる気になりました。そして，友達と協力してK君のかえる足を直し，A評価にしてあげることができました。その時は私も嬉しかったけど，それ以上にA評価になったK君が一番嬉しそうにしていたので，それが一番良かったです。

K君は普段の生活からは想像もできないくらいの頑張りを見せてくれ，人は本気になるとすごい力が発揮できるのだと驚きました。

鉄則 13 「つまずきビデオ」「示範ビデオ」を見せる―ICT活用①

「使用」ではなく「活用」

　体育の授業にICTが使用されるようになって久しくなりました。しかし，大切なのは「使用」されているかどうかではなく，「活用」されているかどうかではないでしょうか。この点を，きちんと検証する必要があります。

　10年以上前，私は体育の授業で生徒たち自身の映像を視聴できるようにし，生徒たちの技能向上に役立てようと実践していました。しかし，技能の改善ははかばかしくありませんでした。そんな時，自分の技能の映像を視聴したある生徒の感想に衝撃を受けました。それは，「（映像を見て）自分の技能が低いということはよくわかった。しかし，それでどうしろと言われると困った。悪いというのはわかっているものの，どこをどのようにすればいいかが全くわからないのだ」というものでした。まさに，ICTを「活用」できていなかったのです。

　生徒たちの姿を撮影し，ただ漫然とその映像を見せるだけでは，技能の改善にはつながりません。「どこが悪いか」「どのように悪いか」「どう改善すればよいのか」が理解できてはじめて，正しい技能を身につけることができるのです。

　そこで考え出したのが「つまずきビデオ」と「示範ビデオ」のセットです。

つまずきビデオ…技能獲得における一般的な「つまずき」を3つのポイントに絞り実演したビデオ。

示範ビデオ　　…つまずきビデオで表現した課題が解決できている状態のビデオ

この2つをセットにして，授業で生徒たちの技能の改善に役立てるようにしています。
　例えば，陸上競技（ハードル走）では，①「踏み切り位置が近すぎる」という課題，②「足が前後に開けていない」という課題，③「インターバルが3歩でいけていない」という課題，この3つの課題に対して，それぞれ上手くできていない場合の例を，「つまずきビデオ」として編集しています。一方，示範ビデオには，この3つの課題がクリアされ，上手くできている場合の例を見ることができるようにしています。

学習の「転移」をねらう

　研究会などで「倒立前転」のつまずきビデオと示範ビデオを紹介すると，他のすべての技でもビデオを作ってほしいという要望をいただくことがあります。しかし私は，すべての技に「つまずきビデオ」と「示範ビデオ」を作ることはしません。
　というのも，生徒たちの様子を見ていると，「倒立前転」のビデオだけで十分満足しており，ビデオの有る無しに関係なく，自分たちでどんどん学習を進めていっていたからです。生徒たちは，自ら思考・判断し，「倒立前転」での学びを他の技に転用していました。これが学習の「転移」ではないかと思います。すべての技の「つまずきビデオ」「示範ビデオ」を作るのではなく，あえて作らずに，最初に学んだことを他の技に転移させていくことにも価値があると考えています。
　そこで生徒たちに対しては，倒立前転の「つまずきビデオ」「示範ビデオ」を視聴させた後に「他の技のビデオはあえて作っていません。君たちの先輩たちは『倒立前転』で学んだことを他の技に応用してあてはめていき，高度な技能を身につけることに成功したのです。だから，君たちも先輩たちに負けないように，しっかり頑張っていきましょう」と伝え，やる気を引き出しています。

鉄則 14 ビデオを活用できる集団をつくる―ICT活用②

「ビフォーアフタービデオ」の活用

「ビフォーアフタービデオ」とは，全員分の単元開始時の生徒の技能（ビフォー）と単元終了時の生徒の技能（アフター）をそれぞれ撮影し，その成長がひと目でわかるように編集したビデオのことです。

私はすべての単元で，この「ビフォーアフタービデオ」を用いた授業を展開しています。体育の教師であれば，「ビフォーアフタービデオ」を制作し，それを視聴させた時の生徒たちの歓声を，ぜひ一度は味わってほしいと思います。生徒同士ハイタッチして喜んでいたり，お互いの顔を見合わせながら笑顔になっていたりと反応は様々ですが，全生徒が皆，喜んでいる姿が見られます。

体育で全員が伸びる「集団づくり」

体育嫌いや運動嫌いの生徒たちは，どの学校にも少なからず，必ず存在します。まずは，そういった生徒たちの気持ちに寄り添いながら，丁寧に実践していくことが大切です。そのためには，皆の前で全員分の「ビフォーアフタービデオ」を視聴させることを無理強いしてはいけません。「善意の押し付け」は良くないと思っています。生徒たちの考えを無視して，勝手に視聴させたところで意味はありません。全員に視聴させることが目的なのではなく，「ビフォーアフタービデオ」の視聴を通して，生徒たち全員に達成感を味わわせることが目的なのです。

うまくできていない場面の自分の映像を視聴することに，抵抗がある生徒は必ずいると思います。そういった生徒には，「なぜ，ビフォーアフタービデオをクラスの仲間全員で視聴するのか？」について，丁寧に説明するよう

にしています。私は，次のように伝えます。「私は，クラスは１つのファミリーだと思っている。いいことも悪いこともすべてひっくるめて，皆で認め，励まし合っていけるクラスになってほしいと思っている。そして，ビフォーアフタービデオの大きな特徴は，個々人がビフォー段階の自分自身から，アフターに向かってどのくらい『成長』することができたかに焦点をあてているということ。ビフォー状態を恥ずかしがるんじゃなくて，その『成長』を見て，互いに励まし合うことが大切なんだよ」。

こう伝えると，生徒たちは安心して「ビフォーアフタービデオ」を視聴できるようになります。ただし，中にはまれに「自分の映像を見たくありません」という生徒もいます。その際はその意思を尊重し，その生徒の映像をカットします。たとえカットしてしまっても，生徒たちは生徒たちの世界の中で，その生徒の映像がない理由を推し量れるような心の成長があります。また，一度カットしたら，他の単元でもずっとカットしなければならないわけではありません。２つの単元を続けてカットしたことは一度もなく，一度カットした生徒も次の単元では元気いっぱいに頑張っていました。生徒の心情に寄り添うというのはこういうことかもしれません。

安心して自分を出せる集団をつくる

だから，私のクラスには，「ビフォー」の映像を見て笑ったり，馬鹿にしたりするような人はまずいません。あくまで「ビフォー」から「アフター」に向かってどのように成長しているかということを一番大切にしているからです。そのような観点で「ビフォーアフタービデオ」を視聴すると，成長していない生徒は誰一人存在しないということがわかります。体育の授業づくりで非常に大切なことは，「伸びる集団」をつくるということです。これは言い換えると，運動が得意な生徒もそうでない生徒も，誰もが安心して自分を表現することができるという集団をつくるということです。

安心して自分を出せる集団をつくることができれば，「ビフォーアフタービデオ」の視聴は必ず大感動の時間になるのは間違いありません。

鉄則 15 「ビフォービデオ」「アフタービデオ」を撮影する―ICT活用③

「ビフォービデオ」撮影のポイント

　まずは，ビデオ撮影のポイントについて説明します。使用するカメラは，学校のものでも個人所有のものでもどちらでも構いません。ビデオカメラの撮影は，すべて教師が行います。三脚は基本的には使わず，手で撮影します。

　「ビフォービデオ」は出席番号順に撮影します。「ビフォービデオ」は，できていないことがわかればいいので，例えばクロールであれば，25m全部を映す必要はありません。

　「ビフォービデオ」撮影にあたって，最たる失敗例が，未撮影の生徒を掌握せず，そのまま「アフタービデオ」撮影をしてしまうことです。つまり，何らかの理由で「ビフォービデオ」の撮影時にいなかった生徒が，「アフタービデオ」を撮影するまで，「ビフォービデオ」を撮影していないことに気が付かないことです。当然ながら，「アフタービデオ」撮影のその時になってその事実に気付いても，もう後の祭りです。「アフタービデオ」撮影時には，もう「ビフォービデオ」撮影時の頃の自分自身に戻る事は不可能だからです。

　この失敗を避けるために，「ビフォービデオ」撮影時の出欠の確認を名簿で行うことを徹底しましょう。そして，私の場合は，「ビフォービデオ」撮影をしていない生徒が撮影できる状態になった時に，自ら教師に申告するように伝えています。

　それでも，もしもの伝え忘れを防ぐために，三重のセキュリティをかけるようにしています。それは，「本人」「体育委員」「全員」の三者です。まずは「本人」が申告するようにしてほしい。そして，「体育委員」はクラスの誰がまだ「ビフォービデオ」撮影ができてないのかを把握し，気にしてほし

い。そして，クラス全員で一人の仲間のことを気にかけてほしい，ということをそれぞれ伝えます。いずれも，「ビフォービデオ」を撮り損ねることで受けるショックの大きさを伝えると，生徒たちは役目を果たしてくれます。この三重のセキュリティをかけるようになって，失敗は無くなりました。

「アフタービデオ」撮影・編集のポイント

　「アフタービデオ」は，ビフォービデオとは異なり，A評価またはAA評価を獲得している生徒たちから順に撮影します。

　「アフタービデオ」の撮影で失敗するということはあまりありません。なぜなら，「失敗した！」と思えば，撮影しなおせばいいからです。ただし，編集の際にはいくつか留意すべき事柄があります。

　「アフタービデオ」編集を行う際に気を付けなければならないのは，「生徒たちが達成感を味わえるような編集にする」ということです。

　「ビフォービデオ」は，レディネス時の生徒の技能・スキルの未熟さを伝えることが目的ですので，ビデオ自体は短く端的なものでかまいません。しかし「アフタービデオ」は，視聴する本人と仲間たちが，「ビフォー」時からどのくらい伸びたのかがわかるように撮影し編集する必要があります。

　そのための具体的手法としておすすめなのは，「スローをかける」という編集です。特に，「アフター」の実技が短時間で終わってしまうような単元（陸上の走り幅跳び，バスケットボールのレイアップシュートなど）では，ただビフォーとアフターを同じように比べるよりも，「アフタービデオ」にスローをかけ，じっくりと成長を観察できるように編集する方が，味わえる達成感も倍増します。

　例えば走り幅跳びでは，踏み切る2歩手前くらいから25％程度のスロー（実際のスピードの1／4）をかけるようにしています。バスケットボールのレイアップシュートでも，ドリブルしてボールをキャッチする場面から，バスケットをボールが通過するまでの間を，25％程度のスローになるよう編集しています。50％（実際の半分）のスピードでも，効果は期待できます。

鉄則 16 「ビフォーアフタービデオ」を編集する―ICT活用④

「ビフォーアフタービデオ」編集のポイント

　「アフタービデオ」の撮影が終われば，いよいよ「ビフォーアフタービデオ」を編集します。

　この際のポイントは，長くても35～40分以内に収めるようにするということです。中学校の授業1時間（50分間）内に収まるように，ということを考えると，そのくらいの長さが妥当です。また，「ビフォーアフタービデオ」を視聴しての感動が冷めやらないうちに，単元全体の感想を書かせる時間を確保するというのもあります。単元全体の感想は，だいたいA4用紙を縦にして，横罫線で25行前後で書かせるようにしています。多すぎると負担になりますし，少なすぎると思いを書くことができなくなるからです。私が毎単元編集する「ビフォーアフタービデオ」は，長いものでも35分程度です。視聴し終わった後，感想を書く時間を10分以上確保しています。

　さらに，編集の際には，必ずBGMを挿入するようにしています。私は自分が制作する「ビフォーアフタービデオ」の最初の曲には必ず，キマグレンの「LIFE」を選んでいます。タイトルが出た後，アップテンポの曲調に合わせて，感動的な映像が続いていきます。曲を選ぶ際のポイントは，アップテンポで高揚感を味わえるような曲にすることです。その曲が流れ始めたら，「またあの感動的な映像を見ることができる！」という期待感を抱かせることができるような曲にするといいと思います。そのような観点で私はキマグレンの「LIFE」を選んでいます。

　ビデオの編集から生徒の反応，感想までの流れを経験すると，体育の教師は，感動を創造するクリエイターであるような気もしてきます。

ビフォーアフタービデオの感想

ビフォーアフタービデオを見た生徒たちの感想を紹介します。

●涙が出そうになったビフォーアフタービデオ（中2・女子）

　下野先生は，一人一人にアドバイスをして，私にも細かく教えて下さいました。私自身，ビフォーアフタービデオを見て，みんなと私が上達しているのを見ると，授業中のうれしいこと，悔しいこと…色々あったなあと思い，涙が出そうになりました。ＳＴになれた時は4人の子を上げることができ，仲間とともに喜べることはなかなかないので，とてもいい経験をくれた下野先生に感謝の気持ちでいっぱいです!!　下野先生に出会えて，自信と希望が持てるようになりました。こんなに気持ちよく1つの単元を終えることができたのは初めてでした。先生の授業を通して，私は何事にもあきらめずに頑張ろうと思えるようになりました。下野先生ありがとう!!

●ともに喜んだＳＴ学習（中2・女子）

　私はクロールの息継ぎのタイミングがわからなくて，息が続かなくて，頑張っても25mぐらいしか泳げませんでした。しかし，「パタ足」や「毎回息継ぎをする」ことで25mしか泳げなかったのが50m，100mと伸びていきました。目標の350mも泳げるようになり，500m以上を楽に泳ぐことができました。周りの友達もどんどん伸びていて，本当にびっくりしました。フォームもＳＴから教えてもらい，フォーム改善の授業は2回しかなかったのにビデオで見ると，一人一人泳ぎ方が変わっていて，協力しあって努力することで変われるんだと実感できました。遊んで楽しかったというような楽しかったではなく，頑張れば頑張るほど伸びていき，泳ぎが苦手だった人でもしっかりと泳げるようになって，その喜びを本人だけでなく周りの人も自分のことのように喜んでいて，そんな環境で水泳ができて，とても楽しかったです!!

鉄則17 生徒たち相互のモニタリングを優先させる

ICT機器より生徒たち自身の目

　これまで全国の多くの研究会に参加させていただき，多くの公開授業を参観させていただきました。公開授業当日には，ICT機器を使った実践をされる方が非常に多くいらっしゃいました。

　私も平成22年度の全国学校体育研究大会福岡大会で，第10分科会の授業者となりましたが，当日の公開授業では，ICT機器をほとんど使用しませんでした。なぜ，本時にICT機器を使用しなかったのかというと，ICT機器に頼ることよりも，生徒たちが自分の目を懸命に使い，仲間の技能の改善の役に立とうとすることの方が，何倍も優れたことだと考えているからです。

ICT機器は万能ではない

　もちろん，ICT機器に頼るな，と言いたいわけではありません。実際，私も公開授業の前時には，十分すぎるほどICT機器を使用して，自分と仲間の課題を発見させ，それをフラッシュカードにマジックで書かせました。当日の公開授業は，ICT機器を使って発見した自分と仲間の課題を改善させていく授業としました。

　賛否が分かれるところだとは思いますが，体育の授業では，たっぷりとした運動量も保障されなければなりません。ICT機器を使い課題を発見していく授業も大切ですが，ICT機器に頼りすぎてしまっては本来の目的を見失ってしまいます。体育の課題解決においては，生徒たちが実際に体を動かし，仲間同士のモニタリング機能をフルに使って，技能を改善させていく過程を中心に据えるべきだと考えます。

　単元の過程においては必ず使用するICT機器ですが，ICT機器は万能

ではないということを理解しておくべきだと思います。

ICTを用いた単元計画

例として，陸上競技「ハードル走」の単元計画を紹介します。ICT機器を使用しているのは，単元の序盤と終盤のみであることがわかります。

例　陸上競技「ハードル走」の単元計画

時	学習活動・内容	指導上の留意点	ICTの種類
1	・50mハードル走のオリエンテーションをする。 ・「ビフォービデオ」を撮影する ・50mハードル走のタイムを計測する。	・単元全体の見通しを持たせるようにする。 ・レディネスの記録は評価の対象ではないことを伝える。	「ビフォービデオ」撮影
2	・「つまずきビデオ」「示範ビデオ」を視聴し，正しいハードリングについて理解する。 ・2台のハードルでハードリングを行う（歩き→ジョグ）。	・3つの「つまずき」に対して，「示範ビデオ」がどのように対応しているかを理解させる。	「つまずきビデオ」「示範ビデオ」視聴
3	・2台のハードルで練習する（室内）。	・正しいハードリングができているかどうかを常にチェックして評価を返すようにする。	
4	・25m走のタイムを計測する。 ・25mハードル走（2台のハードル）のタイムを計測する。	・小グループに1個のストップウォッチで計測しながら，意欲的に活動させる。	
5	・「50mハードル走」のタイム計測 ↕ ・「25mハードル走」の練習	・3台目以降に失速している子どもには，2台のハードルでの練習をさせる。	
6	・「50mハードル走」のタイム計測 ↕ ・「25mハードル走」の練習	・状況を見ながら，50mと25mの2台ハードルを活用させる。	
7	・「アフタービデオ」を撮影する（50mハードル走）。	・最高のハードリングができるように支援する。	「アフタービデオ」撮影
8	・「ビフォーアフタービデオ」を視聴する。 ・単元の感想を書かせる。	・自分と仲間の「伸び」を称えあう雰囲気をつくるようにする。	「ビフォーアフタービデオ」視聴

鉄則18 研究授業こそ「生徒たち主役」の授業をする

無理にICT機器を使う必要はない

　鉄則17でも述べたように，研究授業の本時にICT機器を用いた授業を無理に行う必要はありません。

　ある時，ICT機器を活用した研究を行っている学校の研究発表会に参加しました。それは，自分たちの映像を自分たちで撮影して，それを視聴して顔をつき合わせて課題を導き出していく授業でした。生徒たちは，ICT機器を使って生き生きと活動していました。しかし悲しいかな，授業時間の半分近くをICTの「操作」に費やしていました。先に述べた私の懸念の通り，運動時間が十分に保障された授業とはなっていませんでした。

　課題を発見するのにICT機器が有効であるのを否定するつもりはありません。しかし，体育の授業で身につけるべき技能は，「ICTの操作」ではなく，あくまで運動であることを忘れてはいけません。

あえてICT機器を使わない授業

　そこで，最近の私の授業では，課題を発見する際にも，あえてICT機器を使わないようにしています。これには，生徒たちの運動時間を保障すること以外に，「ビフォーアフタービデオ」を視聴させた時の感動をより大きなものにできる，という効果もあります。技能の改善の途中で自分と仲間の映像を視聴させてしまうと，「ビフォーアフタービデオ」を視聴させる際に，ある程度の予想が生徒たちの思考の中に誕生してしまいます。そうすると，生徒の感動も薄れます。

　そこで，技能の改善の授業にあえてICT機器をまったく使用せずに授業に挑んでみたところ，ICT機器を使用した場合と比べても遜色なく，課題

を発見できることがわかりました。生徒たち同士によるモニタリング機能は，ＩＣＴ機器を活用した時と変わらなかったということです。

　研究授業の本時だからといって，「ＩＣＴ機器を使わねばならない」といった固定観念は捨ててしまってもよいと思います。思い切って，生徒たち相互の力を信頼した方が，いい授業ができるのではないでしょうか。

生徒のモニタリングを有効活用するポイント

　生徒たち相互のモニタリングを有効に働かせるために，以下のポイントを大切にして指導しています。

---

①どの運動の何を見るのかをはっきりさせる
②できていない部分，改善しないといけない部分だけでなく，良い部分も見て本人に伝えるようにする
③自分なりの考えでいいので，改善するためにはどのようにしたらいいか，アドバイスを伝えるようにする
④成功の事例を積極的に皆の前で紹介する

　上記のポイントをおさえて指導していくと，生徒たちが素晴らしい力を発揮する場面を見ることができると思います。生徒たちの教え合いについては否定的な意見もありますが，私は生徒相互のモニタリング（教え合い）の素晴らしさ，というよりすごさをいくつも見てきました。お互いに近い人間関係の下で教え合うために，できていない方が「自分はどんな風になっているの？」と気軽に尋ねることができ，教える側もそれに対して自分の知識や経験を総動員して答えようとしていくところに価値があるのだと思います。上記の①～④のポイントを必ず全員の前で周知徹底させることで，「やらねばならない」状況をつくると，眠っていた生徒たちの潜在的な力が引き出され，素晴らしい結果が表れるようになります。

鉄則 19 手本（示範）を示さずに最高の技能を身につけさせる

体育教師における「専門性」の壁

　私は30代の後半から，体育の授業において，「示範（手本）」を行うのをやめることにしています。

　体育教師や小学校の先生方の多くが，自分が得意な運動の時は張り切って生徒たちの前で示範をすることができ，生徒たちから大きな喝采を浴びることになります。しかしそこに，体育教師の「専門性」の壁を感じるようになっていったのです。保護者の方々は，新しく赴任した体育教師に，まず専門種目が何かを尋ねます。当の体育教師たちにしても，「私の専門種目はバスケだから，柔道はうまく教えることができない…」「陸上が専門だから，球技を教えるのは苦手だ…」等々，教えなければならない内容を，「専門」と「専門外」に分けて考えてはいないでしょうか。

示範をせずに技能を身につけさせる

　現実問題として，体育教師にも小学校の先生方にも，運動による得意，不得意はあります。かといって，得意な運動は手本を示し，不得意な運動は手本を示さない（示せない？）くらいなら，いっそ「示範をせずに生徒たちに最高の技能を身につけさせることができれば，多くの先生方の希望になるのではないだろうか？」と考えたのです。もしこれが実現できれば，専門種目以外は示範ができないから，生徒の運動技能を伸ばすことができないと思っている先生方にとって，最大の希望になるのではないかと考えました。

　そして，勇気をもって示範をすることをやめて授業を行ってみた結果，示範しようとすまいと，結果には差がありませんでした。教師が示範をせずとも，最高の運動技能を身につけさせることは可能なのです。

私の授業では，教師が示範をする場面を，「生徒による示範」と「教師の言葉」で代替しています。実際に，バスケットボールの「レイアップシュート」導入時の例でご紹介しましょう。

T　では，レイアップシュートをやってもらいます。○○さん（君），お願いします。
　→バスケットボール部やミニバスケットボール経験者の生徒に，「レイアップシュートを皆の前でやってもらっていいか？」とお願いします。たいていの場合，了解して私のかわりに示範をしてくれます。
（レイアップシュートを代表生徒が見せる。）
T　はい，ここで質問です。○○さんはボールを持ってステップを踏みましたね。そのステップは左→右でしたか？　それとも右→左でしたか？
　→生徒たちは途端に不安そうな表情になります。
T　はい，ではどちらかに手を挙げて下さい。
　→「左→右」「右→左」のどちらかに挙手させ，人数を数えます。
T　うーん，答えが割れましたね。では，どちらが正しいか，もう一度○○さんにやってもらいましょう。○○さん，お願いします。
　→もう一度レイアップシュートをしてもらいます。
T　はい，もう答えはわかりましたね。右利きの○○さんは，右→左とステップを踏んで，ジャンプしてシュートを打っていました。右利きの人のステップは右→左です。では，左利きの人はどうなりますか？
C　左→右だと思います。
T　そうですね。正解です。これがレイアップシュートの３つのポイントの１つ目，"ステップ"です。では，実際に練習してみましょう！
　→練習場所の確認をして，さっと練習に挑ませます。私の授業では，説明時間は極力短くしています。技能のポイントを端的に示したら，すかさず練習させます。練習をさせながら，ポイントを実感させていくような形で授業を展開しています。

鉄則 20 技能の習得過程はシンプルにする

ポイントはシンプルに

　生徒たちに運動技能を身につけさせる際,「できるだけシンプルにする」ということに気をつけるようにしています。技能獲得に向けて,細かくポイントを示せばきりがありません。生徒にそれを逐一すべて指導していても,生徒は受け止めきれません。それらを最小限に絞って指導する事が,体育教師に求められる役割ではないでしょうか。

　全国各地から私の授業を参観に来られた先生方は,「たったこれだけのポイントで技能が身につくのですか?」とよく不思議がられます。しかしむしろ,運動技能を身につけなければならない際に,4つも5つもポイントを示していては,ただでさえ運動に苦手意識をもっている生徒たちは途方に暮れてしまいます。そして,「やっぱり私にはできない」と悪い意味での決めつけが始まってしまうかもしれません。

　私の場合は,だいたいどの運動技能でも,できるだけシンプルに3つポイントを絞って指導するようにしています。

各単元の3つのポイント

　詳しくは第2章でも述べますが,各単元で私が指導していた3つのポイントをご紹介します。

　各先生方には独自の指導のポイントがあるかと思いますが,私の場合は,実践を積み重ねていく中で指導したポイントのうち,生徒たちが最も短期間で,最も伸びることができたポイントを最終的に3つにまとめています。生徒たちには,これらの3つのポイントを提示しながら,技能習得の授業に挑みます。

各単元の3つのポイント

単元	3つのポイント
クロール	①リラックス(「浮いているついでに泳ぐ」) ②毎回息継ぎをする ③バタ足ではなく「パタ足」
平泳ぎ	①「かいて」「蹴って」「伸びるー」 ②プルはコンパクトにする ③かえる足をきちんとできるようにする
バタフライ	①キックにプルを合わせるようにする ②イルカジャンプで潜る感覚をつかませる ③2回目のキックを強くし、その時に息継ぎをする
倒立前転	①両手のひらを結んだ線を底辺にした正三角形の頂点を見る ②最初から足を曲げないようにする ③足を曲げるタイミングをできるだけ遅らせる
ハードル走	①遠くから踏み切って、着地はハードルの近く ②ハードル間は3歩 ③前後に足を開く
走り幅跳び	①「1・2」のリズムで空中動作を繰り返す ②短助走(7歩)で練習する ③踏み切り前2歩の歩幅は狭くする
バスケットボール(レイアップシュート)	①ステップ(右利きは右左ジャンプ・左利きは左右ジャンプ) ②最高到達点でボールを離す ③バックボードをうまく使う
サッカー(ドリブル)	①疲れない程度の反復練習をする ②歩きながらボールを触る練習(つま先からかかとまで) ③アウトサイド(インサイドだけでなく)の練習を必ずする

鉄則 21 教師の妙なプライドは捨てる

ありのままの自分をさらけ出す

　若い時は，自分の不出来さを生徒たちに伝えることに抵抗がありました。自分の至らなさを伝えると，学習指導やそのほかの指導の際に，悪い影響が出るのではないだろうか。生徒たちは教師の言う事を聞かなくなるのではないだろうかと考えてしまっていたからです。

　しかし最近は，思い切って自分自身の失敗談や不出来な自分をありのままにさらけだすようにしています。

　体育の授業というのは他の教科とは違い，生徒たちにとっては，オープンな環境下で，自分と仲間の運動技能の状態がさらされることになります。その中で，運動が苦手な生徒たちも自分をさらけ出しながら，必死で頑張っているのです。ならば，教師も妙なプライドは捨てて，ありのままの自分で接した方がいいのではないでしょうか。

自分の失敗談を話す

　生徒たちに対しても，私はよく，本書で述べてきたような自分の失敗談を次のように話します。

　「20歳の時に『一流の教師になる』という人生の大目標を立てた。しかしいざ教師になってみると，何もかもがうまくいかず，一流どころか普通にもなれていないようなありさまだった。毎日が地獄のような日々だった。

　そこで，悩んだ私は，このままでは目標達成なんてありえない，思い切った改革をする必要があると思い，自分自身の人生から『No』（断る・引き受けない）を消すことにした。頼まれたことはどんなに忙しい状況でも，予定が重なっていないかぎりは，すべて引き受けて努力し続けた。実力不足だっ

た20代は寝る暇がなくなるほど忙しい日々だったが、10年間頑張り続けると、全国大会の研究発表会で福岡県を代表して授業者をさせてもらえるようになった。

　他にも、自分自身が最も苦手としていた"水泳のクロール"に挑戦したことで、人生が大きく転換できた。"ピンチはなくそう"と思って努力したことが好結果につながり、振り返ってみると、"ピンチが最大のチャンス"になったのだ。だから、君たちも今苦しんでいる自分の弱点から目をそむけるのではなく、真正面からぶつかってみてごらん。必ず、"ピンチがチャンスになる"時がくるよ」

　生徒たちは理由もなく無条件で、「先生はすごい人だ」と思っているふしがあります。実際のところは、教師だからといってすごいわけでもなく、ごくごく普通である場合が多いと思いますが、自分たちを教えている先生たちは、きっとすごいのだろうと思い込んでしまっているようです。そのような生徒たちだからこそ、教師が自分の失敗談等の話をすることで、「先生でも苦しい時期があったのだ。悩み苦しんでいるのは自分だけではないのだ」という安心感を与えることができます。

努力を継続させる

　教師が自分のプライドを捨て、自分をさらけ出すことは手段であり、目的ではありません。自分の弱さをさらけ出せたことに満足しているだけでは、生徒たちは変わりません。生徒たちを変えていくためには、目的と手段をはっきりさせて導いていくことが大切です。目的は「一人の弱い人間である教師が自分と向き合って、努力を継続させていった時に、人生が開けてくるということ」を伝えることだと思います。

　教師も必死に毎日を生きているのです。邪魔なプライドは捨てて、生徒たちと一緒に成長していくことを大切にしましょう。「先生と一緒に努力していこう！」と伝えていくといいかと思います。

鉄則 22 教師の目標を明らかにする

目標に向けた努力を見せる

　体育の授業においては,「学習のめあて」等に代表されるように,生徒たちの目標が明確にされ,生徒たちに伝えられます。一方教師の目標は,「主眼」としてその１時間の授業のねらいに表されます。しかし,教師が単元を通して「この単元を通しての先生の目標は○○です」と生徒たちにしているという話は聞いたことがありません。

　単元第１時の「ビフォービデオ」撮影が終了し,本格的な技能習得の授業に入るタイミングで,私は単元全体の「教師の目標」を明確に発表するようにしています。その目標は,あくまで教師である自分の目標ですので,生徒たちに余計なプレッシャーを与えないよう,生徒たちには目標を把握したうえで,「仲間と楽しく一生懸命に学習に取り組めばよい」と言うようにしています。しかしそれでも「教師の目標」をわざわざ生徒たちの前で発表することのねらいは,１つは生徒たちがA評価獲得に向けて全力を尽くして努力しているのと同様に,教師もまた自分が立てた目標に向かって最大限の努力をしている姿を生徒たちに見せるということです。これは言わば,限りある時間の中で精一杯の授業に取り組むという教師の決意です。そしてもう１つのねらいは,教師が強い決意を示すことで,苦手な生徒も,「自分もできるようになるかもしれない」という希望をもって授業に取り組むことができるということです。

「教師の目標」の具体例

　生徒たちの前で発表する目標とは別に,自分の中で「最低限の目標」を同時にもっておくようにします。例えば,水泳「平泳ぎ」の単元では,「全員

が350m以上泳げるようになる」「全員がフォームでA評価を獲得できるようになる」という目標を設定し，生徒たちに発表します。そして自分の中では，フォームは「A評価獲得は最低でも80％から90％になるようにする」という最低限の目標をもっておきます。

　生徒たちに対して，あえて「全員」という表現を使っているのは，もし最初から80％や90％を目指すという表現を使うと，「自分はどうせだめだから残る10％や20％のできない方に入るだろう」と考える生徒がいるからです。現実的に困難な目標は生徒の意欲を下げてしまいかねませんが，基本的に最初の段階の教師の目標は，あくまで全員を泳げるようにし，全員をA評価にしたいのだと宣言した方がいいと考えています。

　ちなみに，なぜ「350m」かというと，全員の泳力を計測する際，7コースあるプールで1コースから順に7往復させているからです。プールサイドに泳力順に1列に並べて1コースから一人ずつ入り，コースを右側通行で泳ぎ，1往復したら，隣の2コースに入り再びラインの右側通行で1往復を泳ぎます。このようにして1往復するたびに隣のコースに移っていけば7コースあるプールの最後には350mを泳いだことになります。途中で足を着いたら泳いでいる人の邪魔にならないように上がるように指示しています。

「教師の目標」の難易度

　目標の難易度設定は，困難すぎても簡単すぎても，意欲につながりません。どれくらいの難易度が適切なのか，こればかりは，授業実践の積み重ねのなかで感じ取っていくしかありません。授業実践を繰り返せば，最後にはどれくらいのレベルに到達できるのかがなんとなくわかるようになります。"最高の目標設定"は"最高の授業実践"の中で生まれてくるのです。

　目標は，技能や評価に関するものでなくてはならないわけではありません。例えば中2の「ハードル走」では，レディネスアンケートでハードル走を「大好き」「好き」と答えた生徒が「0人」だったため，「80％以上の人が最後にハードル走を"好き"以上になること」を目標に設定しました。

鉄則 23 依頼された授業の公開は断らない

人生から「No」をなくす

　今から20年以上も前のことですが，地域の中学校保健体育研究会の事務局を仰せつかったことがあります。その際，何人かの先生方に研究発表会での授業公開をお願いしたことがありますが，見事に何人もの先生方から断られました。それぞれの先生方が引き受けられない理由を述べられていましたが，黙って聞いていると，それは大変だ，そんなに忙しいのならば，断られるのも無理はないと思ったものです。

　私はそもそも教師の出発があまりにも情けないスタートだったため，このままでは20歳の時に立てた目標である「一流の教師」になど，なれるはずがないと思っていました。そこで私は，20代の前半で大きな自己改革の賭けに打って出ました。それは，「他人からの誘いやお願いについては一切断らない」というものでした。教師としてあまりにもレベルが低い自分が，限りある時間との闘争の中で，「一流の教師」になるためには，自分自身の人生の中から「No」（断る・引き受けない）をなくすしかないと考えたのです。

周りの力を追い風に

　「断らない」を継続していくことで，周りの力までを追い風にして自分を高めていくことができました。つまり，授業の公開をお願いされるたびに，断らずに受けて自分自身の授業力を磨いていくということができたのです。

　「授業力を磨く」と言うのは簡単ですが，自分の力だけでこれを行う労力は並大抵のことではありません。何もない時に自分で一念発起しても，指導案等を書いて，授業を先輩に頼んで参観していただき，講評をいただくのには大変なエネルギーが必要です。その点，授業研究会には研究に長けた先生

が必ずついてくれます。そして，自分では気が付かない視点で懇切丁寧に指導していただけるのです。これは大変貴重なチャンスであることを忘れてはいけないと思います。

　また，授業公開を積極的に行っていくことで，「授業を公開することに抵抗がなくなる」というメリットもあります。はじめは様々な人に見られながら授業をすることにやりにくさを感じるかもしれませんが，経験を積み重ねれば，いつ何時でも堂々と授業をすることができるようになります。

　それに付随して，「指導案を書くことが苦にならなくなる」という点もメリットかもしれません。指導案を書く力は，発表の機会に限らず，日々の授業改善にも常に役立ちます。

　また不思議なことですが，授業を公開すればするほど，生徒たちも良い方向へ伸びていきます。これは私にとってもうれしい誤算でしたが，授業公開時は，生徒たちもより意欲的に授業に参加してくれるようになります。

それでも余裕がない先生に

　もちろん，それでも忙しくてそんな余裕はない，という先生方もたくさんいらっしゃることでしょう。そんな先生方も，「忙しいから」とすぐにやめてしまう前に，いま一度，自分の選択を考え直してみていただきたいと思います。「忙しい」とおっしゃる先生は，いつも「忙しい」とおっしゃっています。どうやらいつまでも「暇になる」ことはなさそうです。

　人が大きく成長する時は，常に「大変」なのだと思います。だから「大きく」「変われる」のだと思います。今のままの自分で良しとするのか，忙しいけれど，自分に声をかけてくれた人の期待に応えようとするのかは，紙一重のようですが，いつの時代も人生を分けるのはこの「紙一重」ではないでしょうか。思い切って頑張って達成感を味わってほしいと思います。

　私たち教師の頑張りや努力は，常に「生徒たちのため」につながるものです。生徒のために頑張ることで生徒と一緒に感動できることが，教師である自分自身の最高の喜びとなることを知ってほしいと思います。

鉄則 24　先入観に支配されない

バタ足の練習は絶対か？

　20代の頃，私は水泳クロールの授業のキック練習で，プールサイドに生徒たちを一列に並べて，一斉にバタ足をさせていました。それは，かつて自分が学生だった頃に体育の授業で習った内容でした。

　しかし，この指導法には本当に意味があるのでしょうか？　水泳の授業に限らず，「○○の授業は△△をすべきだ」という先入観にとらわれてはいないでしょうか？　バタ足練習に意味がない，と言いたいわけではありません。過去の経験や先入観にとらわれて，指導内容とその効果に疑いをもたなくなってしまうことに問題がある，ということが言いたいのです。

本当に伸びる指導法を試行錯誤する

　30代の半ば，クロールで62mしか泳げなかった私は，どうやったら泳げるようになるかわからず，ともかく泳いでみようと毎日練習してみました。25m泳いでは休憩し，また25m泳ぐということを繰り返し，トータルで毎日500mほどを泳ぎ続けました。それを10日間ほど続けたある日，目標を200mに設定して挑戦してみると，思いもかけずいきなり1000mも泳げてしまったのです。この時に，生徒たちも皆，全員泳げるようになるに違いないと確信しました。

　ポイントの詳細は第２章で述べますが，その時に心がけたことを，私は授業で生徒たちに対して丁寧に取り組んでいきました。思い切ってバタ足の練習も一切やめ，これまでに教えていた指導法を一変させました。ある意味で，これまでの水泳指導の常識と相反するような指導形態です。すると，生徒たちはあれよあれよという間に泳げるようになっていきました。最終的には5

年の歳月を要しましたが、教えている生徒全員をクロールで1000m泳げるようにさせることに成功しました。それだけではなく、平泳ぎは800m、バタフライは25mの距離を全員が泳げるようになり、3年間の水泳学習の集大成として、全員が個人メドレー（25m×4）を泳げるようにまでなりました。

もし、私が過去の経験や先入観にとらわれたまま、指導法を変えていなかったら、このような成果を上げることはできませんでした。それは水泳が苦手だった私自身が長距離を泳ぐ練習を実践してみて、その肌で感じたことを指導に還元させたことで、結果として水泳学習の新しい指導法を確立することができたのです。このことは私にとって大きな自信となり、その他の単元においても、先入観やマニュアルにとらわれることなく、目の前の生徒たちと試行錯誤を繰り返しながら、生徒たちが本当に伸びる指導法を追求していきました。

サッカー指導を「ボールコントロール」にして成功

先入観を捨てて指導法を変えた事例を、もう1つ紹介しましょう。

私は高校・大学とサッカーを経験し、いわば自分の専門として実践してきました。そんな私は若いころ、「サッカーは豪快なシュートだ」と考え、授業でもシュートの練習に時間を割いていました。しかしそれでは、いざ試合をしても理想的なサッカーの試合にはなりませんでした。

そこで思い切って、シュート練習は一切せずに、ボールコントロールの練習に力を入れたところ、試合での様相が一変しました。まず、球離れがよくなり、パスがよく回るようになりました。壁パスでの突破やスルーパスでの突破をいつも試みるような試合が見られるようになりました。ボールコントロールに自信がついてきたからでしょう、周囲の様子をよく見ることができる（ルックアップ）ようにもなりました。

読者の先生方にも、どうか、先入観やマニュアルに支配され、自分自身の新しい考えを放棄する事がないようにしていただきたいと思います。

鉄則 25　必ずレディネスと単元終了時のアンケートを実施する

アンケートは授業力・指導力向上のカギ

　研究発表会での公開授業等で指導案を作成せねばならない時には，生徒の実態を書く必要性があるために，レディネスのアンケートを実施する必要性が出てきます。しかし，通常授業ではどうでしょうか。皆さんは，レディネスのアンケートを毎単元において，必ず実施しているでしょうか。

　周囲の先生方に尋ねてみると，指導案を作成する必要性がない場合は，レディネスのアンケートを実施することはほとんどないという答えが返ってきました。

　では，なんのためにレディネスのアンケートを毎回とるのでしょうか。その答えはズバリ，「自分自身の授業力，指導力向上のため」と言っていいと考えています。

「なんとなく」が一番怖い

　私たちの「授業力」「指導力」は月々日々に向上させなければならないと考えています。現状に甘んじている限り，平行線状態の「現状維持」ではないと考えた方がよいと思います。もし授業力や指導力において「現状維持」しているとお考えだとしたら，それは「錯覚」だと思った方がよいのではないでしょうか。私は伸びていない限りは退歩だと思っています。

　授業力・指導力向上のチャンスを逃さないためには，毎単元，指導した集団や個人の何がどのように伸びたのかを把握する必要があります。そうすることで，自分自身の授業力・指導力の検証ができるからです。「レディネスのアンケート」は，生徒の「何が伸びたのか」を把握するために不可欠なのです。

「なんとなく」が一番怖いのです。「なんとなく良かった」「なんとなく悪かった」という曖昧さを許し続けると，「ジリ貧」状態に陥ります。
　アンケートは簡単でよいのです。せっかく真剣勝負の授業をするのですから，1〜2分で終わるアンケートを実施してみてはいかがでしょうか。

アンケートの例

　アンケートは，次のような内容のシンプルなもので構いません。紙で行う時間がなければ，挙手をさせて人数をメモする形でもよいと思います。

【レディネスアンケート】

①この運動は好きですか？
　「大好き」「好き」「嫌い」「大嫌い」（あてはまるものに○をする）
②①で○をした理由を書いてください。
③その運動は得意ですか？
　「とても得意」「得意」「苦手」「とても苦手」（あてはまるものに○をする）
④③で○をした理由を書いてください。

【単元終了時アンケート】（レディネスと比較して評価すると良い）
①この運動は好きですか？
　「大好き」「好き」「嫌い」「大嫌い」（あてはまるものに○をする）
②①で○をした理由を書いてください。
③その運動をやってきて伸びましたか？
　「とても伸びた」「伸びた」「あまり伸びなかった」「全く伸びなかった」（あてはまるものに○をする）
④③で○をした理由を書いてください。
⑤自由記述の感想（Ａ４縦，横書き25行程度，タイトルをつけて）

鉄則26 指導と評価を一体化させる授業を行う

単元のスタートとともに「評価基準」を発表する

　「指導と評価の一体化」が大切だと若い先生に話しても，ピンとこない人が多いようです。理論や理屈ではなんとなくはわかっていても，授業の具体的な場面の体験が不足しているからでしょうか。「不足している」というより，その体験が「ない」と言った方がいいかもしれない教師が多いのが現実のようです。

　「指導と評価の一体化」とは，一言でいえば，生徒に評価基準を明確にしながら，単元の中に指導と評価を位置づけることです。

　例えばバスケットボールの単元で，全12時間のうちはじめの10時間を練習に割き，「次の授業は実技のテストをするぞ」とだけ告知して，次の授業の冒頭で「じゃあ今日の授業はテストを行います。テスト項目は『レイアップシュート』と『リンク下シュート』それから『試合の様子』です」と発表をしても，生徒たちは困惑するばかりでしょう。「もっと早く教えてくれれば練習したのに…」と思うに違いありません。

　極端な例ですが，これが指導と評価が一体化されていないということです。

　鉄則11でも述べましたが，「ビフォービデオ」撮影が終了し，本格的な技能習得の授業に入る際に，必ず「この単元においては○○ができたらB評価」そして「○○ができたらA評価」ということ，つまり，どのように評価をしていくのかを発表すべきだと思います（それがいわゆる「評価基準」になります）。これにより，単元終了時までに「何が」「どのように」できるようになれば自分はB評価になれるのか，またA評価になれるのかがはっきりわかります。言い換えると，単元のスタートと同時に「評価基準」を発表してしまうのです。

単元終了までに残された時間はおよそ８時間から９時間。生徒たちは，それまでの間に，Ｂ評価を獲得し，さらにＡ評価獲得に向けて全力を注がねばなりません。

　人間は「いつまでに，何を，どのようにせねばならない」がはっきりわかると思いがけない力を発揮するものです。「評価基準」の発表により，教師と生徒たちがともにゴールを目指して学習するための号砲が鳴らされます。

　この「指導と評価を一体化させる授業」こそが，成果が上がる伸びる授業の極意中の極意と言ってもいいかと思います。

「指導と評価の一体化」のメリット・注意点

　指導と評価を一体化させることの最大のメリットは，単元の最終目標だけでなく，その途中過程の目標（何ができたらＢ評価で，何ができるようになったらＡ評価になるか）をはっきり認識できることです。これにより，生徒たちは自分が最終目標に対してどれだけ前に進んだのか，どれくらいの人が自分と同じ位置にいるのかを把握しながら，努力をすることができます。

　「評価基準」を設定する際には，やはりその難易度に注意する必要があります。例えば，サッカーで10個のコーンをジグザグに抜けていくドリブルのスピードを１つの評価にしたとします。問題なのは，何秒からをＢ評価にして，何秒からをＡ評価にするかです。

　私は以前，レディネスのドリブルでは女子全体の平均が約23秒だったのを受け，「20秒未満」をＢ評価，「17秒未満」をＡ評価としました。すると，生徒たちは次々にＡ評価の「17秒未満」をクリアしていき，最終的に全体の約70％がＡ評価を獲得してしまいました。

　この場合，70％の生徒たちがＡ評価を獲得したことが問題なのではなく，あまり努力せずにＡ評価を獲得してしまったことが問題です。このような時は，次回からは「15秒未満」をＡ評価にするなど，設定を見直す必要があります。

鉄則 27 教育は「サービス業」だと考える

昼休みも活用する

　私は「教育はサービス業」だと考えています。ＡＩ等の出現により，人が行っている仕事の半数がコンピュータやＡＩ等のロボットにとってかわられてしまうというニュースを耳にします。しかし，どんなにＩＴ化が進み文明が発展しても，教育は人が行う聖業だと思っています。私は，未来の日本や世界を担っていくであろう生徒たちのために，もっともっと「サービス」していいのではないだろうかと考えています。

　例えば，昼休みを考えてみましょう。昼休みは教師にとっても休憩の時間で，無理して働く必要はないと考える先生もいらっしゃるかもしれません。しかし，生徒たちは限られた時間の中で，なんとしてもＢ評価やＡ評価，ＡＡ評価へと上がりたいと努力しています。いつしか，生徒たちの方から「先生，昼休みに見てもらえますか？」と要求してくることが多くなりました。私はもちろん，そういった要求を受け入れるようにしています。要求してきた１人の生徒に「いいよ。もちろん見てあげるよ！」と言って，昼休みに指定の場所に行ってみると，なんと大勢の生徒たちが嬉々として集まってきていたこともあります。

　昨年度行った柔道の授業では，学年生徒200人中55人が昼休みの練習に参加していました。そんな時には，自分たちなりに一生懸命に取り組んでいる生徒たちの様子を見て，こちらの胸が熱くなるような思いでいっぱいになります。中学校体育の中では，「柔道の授業がうまくいかない」という話をよく耳にしますが，生徒たちは，こちらから何も指示，指導をせずとも，このように自分たちで集まって柔道着を着て練習しているのです。それは，「教師が見守ってくれている」という安心感があるからこそ実現することです。

授業で習った技を思い思いに繰り出して柔道そのものを楽しんでいる生徒たちの姿を見て，柔道本来の素晴らしさに感動させられます。

柔道に限らず，昼休みに現在行っている単元の補充練習ができるような流れを，年度当初からつくるようにしています。もちろん，ケガや事故の危険性がある場合は，教師の側から注意指導し，止めさせます。

昼休みに練習を見る際の注意点

昼休みの練習を見る際の注意点として，まず第一に「遊び」ではないということを徹底する必要があります。体育館や武道場を使用する場合は，必ず私が鍵をあけるようにしています。勝手に体育館や武道場に入って，勝手なことをして無用なトラブルが起きないようにするためです。

第二には，「やる内容は教師が決める」ということです。内容は，現在行っている単元の「Ｂ評価」あるいは「Ａ評価」につながる練習を教師が決めてさせるようにしています。ただし，柔道の場合などは，習った技の中から自由に友達にしかけて通用するかどうかを楽しむ，というように，ある程度生徒に委ねて行ってもよいと思います。

鉄則5でも述べていますが，何よりも「安全が最優先」なのは昼休みでも変わりません。ですから，昼休みでも「自分の身は自分で守らせる」ように，「ケガをするようなことはしてはいけない」と口を酸っぱくして言っています。その上で，5時間目の授業に遅れさせない等，注意するべきことを注意しています。ちょっとしたことで注意されるといいことをしていることが「水泡に帰す」場合があるので注意した方がいいと思います。

私はいつもウエストバッグを肩からかけて移動しています。「この中に何が入っているのですか？」とよく聞かれますが，評価するための道具が入っています。授業以外でも，いつでも，さっと評価ができるよう準備を整えているのです。実際は準備していても，授業以外の場面で使ったことはほとんどありませんが，いつでも生徒たちの意欲に応えてあげたいと思っています。これも私流のサービスの1つです。

鉄則 28 笛はむやみやたらに吹かない

笛一つで勝負する

「体育教師は笛一つで勝負できねばならない」と，今でもそう思っています。ＩＣＴ機器等を活用して，効果を発揮させることができるかどうかについても，まずは教師が「笛一つ」で勝負する授業ができることが前提になるのではないかと思います。「笛一つ」で勝負できるような授業ができれば，あらゆる形態の授業も，成功させることができるのではないかと考えているからです。

しかし，その「笛一つ」の授業における「笛の使い方」については，先輩の先生方や周囲の先生方からもあまり詳しく聞いたことがありません。

私が「笛の使い方」として，気をつけていることは大きくは３点あります。

---

①ムダ笛は吹かない
②評価が上がった際に笛を吹いて知らせる
③危ないこと，やってはいけないことを強い笛で注意する

ムダ笛は吹かない

まず１点目は，「ムダ笛は吹かない」ことです。リズムを取る際に，笛を吹いてリズムを取る先生方もおられますが，私はリズムを取る際には笛は用いず，手拍子や声を使うようにしています。タンバリン等を代用してみる手もあります。

リズムを取る際の笛を「ムダ笛」とするかどうかは賛否が分かれるところだと思いますが，笛の使い方については，私は神経を使っています。常に笛

の音が鳴っているような授業では，笛の音に慣れて反応が悪くなってしまう恐れがあります。集合等の注意を集める時，評価をする時など，笛を吹く場面を限定した方が，ここぞという場面での笛の効果が大きくなります。

評価が上がった際に笛を吹いて知らせる

2点目は，「評価が上がった際に笛を吹いて知らせる」です。これは，ST学習中に，誰かの評価が上がった時，笛を吹くことでクラス全員にそれを知らせるという役割をもちます。例えば，C評価からB評価に上がった際には，笛を短く1回吹きます。この笛が鳴ったら，誰かがB評価になったという意味を生徒たちは理解しているので，誰が上がったのだろうと一瞬，耳を澄ませて教師の言葉を待ちます。そこで私が，「○○さん，CからB！　教えたのは△△！」という具合を大声で発表します。同様にB評価からA評価に上がる場合には笛を短く2回吹きます。吹かれた回数によってB評価になったのかA評価になったのかがわかる仕組みです。

体育の授業で使われる笛は，「訓練」「集団行動」の意味合いが強いと思いますが，ST学習中に鳴る笛の音は，「嬉しい笛の音色」です。仲間の誰かがSTの仲間と一緒に懸命に努力してきた結果が報われた瞬間に笛が鳴るのです。

危ないこと，やってはいけないことを強い笛で注意する

3点目は「危ないこと，やってはいけないことを注意する際に強い笛を吹く」ことです。体育の授業はケガと隣り合わせの状況にあるため，常に危険がないかどうかをチェックしなければなりません。もし，危険なことややってはいけないことをやっている生徒がいた場合には，音量を最大にして，10回以上強烈な笛を吹き，全体の注意を一瞬でこちら側に向けさせます。すべての動きを止めて，なぜ，今，このような笛を吹いたのかの説明とあわせて指導をし，けが防止に努めさせるようにします。滅多にあってはいけませんが，強烈な笛は，生徒の動きを即座に止めてくれます。

鉄則 29 勢いのある授業をつくる

基準を過度に設定する

　授業の成否の90％は生徒たちの「意欲」にかかっています。「ＩＣＴの活用」も「指導と評価の一体化」も，生徒たちの意欲を引き出すために行うと言ってもよいと思います。そして，生徒の意欲を持続させるために大切になるのが，「勢いのある授業をつくる」ということです。

　「勢いのある授業」をつくるポイントの第一は，Ｂ評価の基準を適度に設定することです。Ｂ評価が簡単すぎると，意欲は高まりません。逆に，難しすぎると，やる前から「あきらめムード」になってやろうとしません。少し頑張ればＢ評価を獲得できるように基準を設定することで，生徒たちはＢ評価を獲得できたら，次はＡ評価へと向上心をもって懸命に取り組みます。まずは，「やる気スイッチ」を刺激するような基準を設定しましょう。

指示を簡潔にわかりやすく，指示が終わったら走る

　ポイントの第2は，「これから何をするか」の指示をだして，活動を始めさせる時には，必ず，走って移動させてすぐに挑戦させるということです。これはあたりまえに実践されていることかもしれませんが，教師の指示の後に走って取りかかることで，勢いのある授業，生徒たちが伸びる授業へとつなげることができます。

　教師が指示を出した後にのんびり歩いて移動していたり，ゆっくりしたりしている授業には，生徒たちの伸びは期待できません。そのような場合は，すぐに集合しなおします。そして，「何をやるか，わかったか？」と確認します。するとたいてい「わかります！」という返事が返ってきます。そこで，「ではなぜ，走って行かないのだ。なぜ，１回でも多く挑戦しようとしない

のだ？」という指導をし，「理解したら，走って行くのだ。そして，1回でも多く挑戦するんだよ！　わかったか？」と言うと，「わかりました！」と一斉に声がそろいます。「じゃあ，頑張っていこう！　さあ，始めなさい！」と言って，勢いよく飛び出させます。この時の勢いが，そのまま技能の伸びにつながっていきます。教師の指示の後は一目散に活動場所に行き，さっと活動を始めさせることを徹底しましょう。

集合は声を出して2種類を使い分ける

　生徒たちに技能の練習をさせている際，生徒たちの多くが同じミスをしている場面に気が付くことがよくあります。その場合，改善方法について指示を出しますが，次の2つの指示の出し方を，皆さんはどのように使い分けられているでしょうか。

「もう一度，集合をかけて」指示する
「活動場所にそのまま座らせて」指示する

　私は，上記のどちらかをその場の状況に応じて選択するようにしています。
　どちらを選択するかの基準は，「時間的に猶予があるかどうか」です。時間に猶予がある場合は，全員集合するようにします。時間的に猶予がない場合は，笛で全体の動きを止めて，その場にすぐに座らせて指示を出します。この方法は，多くの生徒が陥っているミスについて説明し，改善方法を伝えた後，即実践できるというメリットもあります。
　生徒たちの状況を見て，集合を効果的に取り入れることも，生徒の意欲を保たせるためには重要です。
　授業は教師にとって真剣勝負の場です。そんな教師の姿勢をぶつけることが大切です。集合の種類を状況に応じて使い分けることは，教師の真剣さ次第で必ずできるようになりますから，焦る必要はありません。

鉄則 30　上がった成果は保護者に還元する

「体育科通信」を発行する

　学級通信や学年通信，学校通信は見た事がありますが，体育科通信なるものは，ほとんど見た事がありません。その理由は定かではありませんが，これまで体育科通信を発行してきたことは，保護者の方々にも大変，喜んでいただけています。

　私は，毎単元ごとに体育科通信を発行しています。内容は，単元終了時に「ビフォーアフタービデオ」を視聴した後，単元全体のことを振り返らせて自由に書かせた生徒たちの感想を掲載するようにしています。

　紙面としては，最初に今回の単元における指導について，その指導の考え方，指導の実際等を伝えています。具体的には，「最初はこのようなレディネスだったのが，最終的にはこのような成果を収めることができた」というようなことを発表しています。

　ですが，紙面のメインは生徒たちの単元の感想です。これには何年やっても，何回となく発行していても，毎回心が熱くなります。生徒たちの生の声が生き生きと描かれるからです。中には，こんなすごい内容をよく中学1年で書けるなあと感心させられることもよくあります。

　自分の成長を喜び，そして，仲間や先生に対する感謝の言葉が率直に素直な表現で書かれる感想を読むのが毎回，楽しみです。生徒たちには，単元終了時に書く感想は体育科通信に掲載するかもしれないことをあらかじめ伝えていますので，自分の感想が掲載されたことによるトラブルはありません。むしろ，掲載されたことに対する喜びの声が聞こえてきます。

　生徒たちとともに頑張った単元の証として，体育科通信を発行し，保護者の方々に上がった成果を伝える学校が増えることを願っています。

体育科通信「ヒューマン」(ハードル走)

河東中学校
2年女子保健体育科通信
ヒューマン
発行者 下野 六太
No1 H28.6.18

人生には挑戦する気持ちが必要だと思います。保健体育科通信というものは世の中ではメジャーではありませんが、内容の濃い通信にしていきたいと思います。2年生女子のがんばりを生徒と保護者に伝えられるようにしたいと思います。

保健体育科通信「ヒューマン」スタート!

さて、生徒の皆さん、保護者の皆様、2年生女子の保健体育科通信を「ヒューマン」という名前でスタートすることにしました。

教育界では学級通信、学年通信は存在しますが、保健体育科通信というものは、あまり聞いたことがありません。前例が無い中で、オリジナルな保健体育科通信を発行していきたいと思います。このヒューマンでは、2年生女子の授業での「がんばり」「活躍」「伸び」などを伝え、また、アンケートや感想文から、みんなの思考判断力の向上をねらいたいと思います。また、私の考えを載せることで、より良い授業づくりにこの「ヒューマン」が役立ってくれたらと考えています。

■ ハードル走学習終わる

5月下旬から始まった「ハードル走」学習が終わりました。5/24(火)に最初の一時間をかけて全員のレディネス状態のビデオ(学習前のハードル走)撮影をしました。ビデオ撮影のねらいは学習前から、学習後をビデオで比較することによって、みんなに学習における伸びを感じてもらおうというものでした。ビフォービデオの撮影に対して、皆、怪訝そうな顔をしていました。何か意味があるんだろうか?と疑いの眼を感じながらも、ともかく学習を開始させました。この時点で、私の言うことを素直に信じている生徒はほとんどいなかったように思います。みんな、半信半疑の目を私に向けていました。

さあ、ここからが勝負です。しかし、わずか9時間足らずの学習で本当に劇的に伸びるのでしょうか。では、結果をデータとして先に報告します。

		2-1		2-2		2-3		2-4		2-5	
		最初	最後	最初	最後	最初	最後	最初	最後	最初	最後
50m走と50mH走との差	AA ~1.0秒	0	1	0	4	0	4	0	8	0	3
	A 1.1~1.5秒	0	9	1	8	0	6	1	3	2	8
	B 1.6秒~2.0秒	3	2	4	1	3	6	6	4	1	4
	C 2.1秒	12	3	8	2	15	2	6	0	13	1

生徒の単元終了後に生徒が書いた感想を載せますので、ご覧下さい。

保護者の皆様へ

このヒューマンには保護者の返信欄を設けています。返信欄にはヒューマンの感想でも、私に対する要望でも、お子様のことでも何でも結構です。お名前を載せずにヒューマン紙上で保護者の皆様方の声をお知らせしようと思います。記入の後、切り取ってお子様に持たせていただけたら、ありがたく思います。ご多忙のところ、恐縮ですがよろしくお願いいたします。

- -

ヒューマン返信欄 No1 H28.6.18 お名前(   )

体育科通信「ヒューマン」（柔道・表）

河東中学校
2年女子保健体育科通信
ヒューマン
発行者　下野　六太
No4　H29.1.31

文部科学省は，女子中学生の柔道の学習に頭をかかえています。ほとんどの女子が，柔道を好まない上に，成果が上がらない，伸びないために，有効な手段を打てないでいます。そんな状況下で，河東中2年女子の「柔道」は痛快なくらい成果が上がりました！！

人生初の柔道，短時間で大成長！

　柔道の単元が，大きなケガもなく無事に終了することができました。
　今回の柔道においては，私自身も初めての挑戦でした。何がはじめてかと言いますと，柔道の「ビフォーアフタービデオ」をつくるのがはじめてだったのです。
　なぜ？今まで柔道の「ビフォーアフタービデオ」をつくらなかったかと言うと，他の運動と違って，誰も経験したことがない運動ですから，「ビフォービデオ」の撮影ができないと思っていました。例を用いてもう少し詳しく説明します。
　ハードル走やマット運動では，ビフォービデオで撮影する際に，「実際にハードル走をおこなって下さい」や「クロールで25m泳いで下さい」「開脚前転をして下さい」と言いますと，子ども達はそれらを理解して，上手下手はあっても，それなりの動きができるわけです。しかし，柔道においては，全員が未経験者であるため，他の運動のように，「固め技でビフォービデオを撮影しますから，けさ固めをやってください」と言っても，「？？？けさ固めってなに？」となってしまうのです。他の立ち技等は，まず受け身ができないわけですから，ビフォービデオで投げさせるわけにはいきません。
　そこで，私がだした結論は，柔道では「ビフォーアフタービデオ」の制作はできないというものでした。しかし，今年度の目標は，「すべての運動単元でビフォーアフタービデオをつくる」というものでしたから，簡単にあきらめるわけにはいきません。なんとか，うまいこと「ビフォービデオ」を撮影できないかと考えました。すぐには妙案が浮かんできませんでしたが，ふとしたときに，「これだっ！」と思った撮影方法が見つかりました。それは，あおむけになって寝ている人間をどのような形でもいいから，上からおおいかぶさり，10秒間抑え込むというものでした。半身の状態までだと，上の人が勝ち。うつぶせになったり，起き上がったりしたら，下のあおむけになっていた人の勝ちという条件で「ビフォービデオ」の撮影に挑みました。
　すると，ほとんどの人が，仰向けになって寝ている人を前にして，どうしていいかわからず，とりあえず，おおいかぶさるだけのような感じや，仰向けになっている人の横で，手が出せず，オロオロする人等がいました。ほとんどの場合，下の人がうつぶせになったり，起き上がったりして，下の人がなんなく勝っていきました。
　このビフォービデオの撮影状況を保護者の皆様が，もしご覧になったとしたら，思わず笑みがこぼれると思います。
　そのような状況から，柔道はスタートしましたが，どのような計画でおこなったか紹介します。

	「柔道」授業10時間の流れ		
1	柔道着の着方，たたみかた，授業の流れ	6	階級別の寝技の勝負
2	「ビフォービデオ撮影」	7	階級別の寝技の勝負
3	けさ固めの習得	8	アフタービデオ撮影
4	横四方固め・縦四方固め，上四方固めの習得	9	アフタービデオ撮影
5	背中合わせの長座姿勢から寝技の勝負	10	ビフォーアフタービデオ視聴と感想書き

　柔道の授業にかぎらず，体育の学習では運動の特性にふれることが大切です。簡単に言いますと，武道である「柔道」がもっている柔道らしさとでもいいましょうか，柔道らしさを味わわせるために，授業の構造をできるだけシンプルにしていきました。柔道の一年目では，立ち技までいきませんので，立ち技をしないので，思い切って，受け身の時間をカットしました。

体育科通信「ヒューマン」（柔道・裏）

柔道単元終了後のアンケートの結果をご覧下さい。

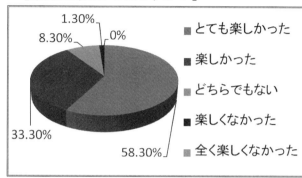

「とても楽しかった」が58．3％で、「楽しかった」は33．3％ですので、柔道の授業を楽しく感じた生徒は全体の9割を超えています。
　これは、すごい数字だと思います。2年生の女子が、みんなで切磋琢磨しながら、楽しい授業をすることができるようになってきたことを嬉しく思います。

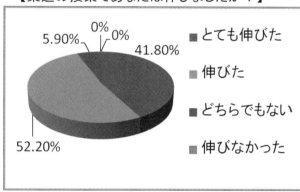

「とても伸びた」が41．8％、「伸びた」が52．2％であり、全体の94％の人が伸びを実感しています。わずかな時間の授業の中で、ほとんどの生徒が伸びを実感しているということは、生徒達が「成長できる集団」「伸びる集団」に成長を遂げているということではないでしょうか？そのことは、生徒達の感想文の中に、如実に表れていると思います。

　あと一ヶ月半ほどで、2年生での体育の授業も終わりますが、最近よく昨年の春の2年生女子の姿を思い出します。昨年の春頃は、毎時間叱っていたり、「たたかう集団になっていない！」と言っては怒っていたりしていたことを昨日のことのように思い出しています。
　今回の「柔道」の感想文は、今までの感想文の中で最も質が高いのではないかと思っています。「アフタービデオ」撮影に挑む真剣勝負の中で、負け続けても、けっしてあきらめることなく、前向きに頑張り続けた仲間のすばらしさを賞賛している人や、柔道を通して、今まで以上に多くの人と仲良くなることができたことを喜ぶ人、相手を抑え込むために、自分なりに考え、工夫したことを書いている人等、様々ですが、生徒達の文章を読むと、人としての成長が感じられて、本当に嬉しく思います。現在、ダンスの単元になっていますが、残りの時間も全力投球で一緒に頑張っていきたいと思います。あと一ヶ月半、ご協力よろしくお願い致します。

ヒューマン返信欄　No4　H29.1.27　お名前（　　　　　）

Column 1

すべての授業を公開してみたら…

　50歳を過ぎて，もう一度基礎基本から勉強しなおして，いい授業をしたいと思い，平成28年度に福岡教育大学大学院に入学し，夜間で学ばせていただきました。現職の教師をしながら大学院に籍を置くせっかくの機会，私は教師を目指す大学院生たちに自分の1年間の授業のすべてを公開してみようと思いました。それには，3つの理由があります。

　1つ目は，これまで自分が研究してきたこと（やる気さえあれば誰でも成果を上げることができる授業づくりの研究）が，現場経験がない大学院生たちに通用するかを試してみたかったから。2つ目は，次代を担う青年を育ててみようと思ったから。そして，3つ目は自分の授業力を向上させたいと思ったからです。

　これまで参加してきた研究会は，単元の1時間を公開し，それに対して協議し合うという形をとっていました。この研究会の在り方についてはかねてより疑問を抱いていました。議論の中心が，公開授業の1時間に集中しており，単元全体の議論にはならないことが問題なのではないかと考えていました。

　現場の研究に「単元全体で考える」という意識が欠けていると思っていました。単元の第1時間目には何をするのか？　2時間目，3時間目にはどのような授業をすれば最終的に生徒たちはどのように伸びていくのかを，大学院生たちに見せることができればいいと思いました。

　1年目は私の授業を参観してもらい，2年目からは私がやった通りに授業を他のクラスで実践してもらうことにしましたが，これが大ヒットです。現場経験がない大学院生たちがそれぞれに素晴らしい授業を行い，生徒たちを飛躍的に伸ばすことができたのです。大学院生たちはそれぞれに，大きな自信を得たようでした。しかし，最も自信を得ることになったのは，大学院生よりもむしろ私の方です。なぜならば，これまで私が行ってきた研究は，「やる気さえあれば誰でも成果が上げられるのではないか」という研究だからです。誰でも必ずうまくいく授業の在り方を研究してきたことに間違いなかったとの確信を深めるに至ったことは本当に大きな収穫でした。

第 2 章

今すぐ使える！
運動単元
3点アドバイス

アドバイス 1　水泳
クロール

最後までかくことが大切　　　　　　　　　　　　　　　　　　　　ハイエルボー

3つのポイント
① 浮いているついでに泳ぐ
② 毎回息継ぎ
③ バタ足ではなく，パタ足（軽くパタパタ）

ハイエルボー

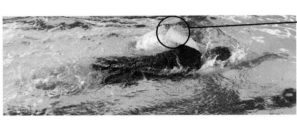

浮いているついでに泳ぐ

　体操座りしている生徒たちに「はい，リラックスしてごらん！」と言っても，「リラックス」という言葉自体の幅が広すぎるため，その後の行動はまさに十人十色。寝そべる子もいれば，首を少し傾けるだけの子もいます。現場の授業では，この「リラックス」のように生徒によって解釈の幅が広い言葉を平気でそのまま投げかけてしまうと，生徒たちは困惑してしまいます。そこで，私は「リラックス」という言葉を使わずに，「浮いているついでに泳ぐ」という言葉を使っています。「泳いでいるついでに浮く」のではなく，あくまでも「浮いているついでに泳ぐ」にこだわっています。「いいか，浮いているついでに泳ぐんだぞ！　ぜったいに頑張ってはいけないよ」としつこく，しつこく何度も言い聞かせるくらいでようやく，本当の「リラック

ス」ができるようになってきます。

毎回息継ぎをする

クロールで長距離を泳げるようになるかならないかのカギを握っているのは，1にも2にも「呼吸」だと思っています。この「呼吸」の問題をクリアしさえすれば，必ず，泳げるようになっています。短距離の競泳では，ひとかきごとの息継ぎはタイムロスになってしまうため，できるだけ呼吸の回数を減らすようにしていますが，長距離を泳ぐうえでは息継ぎは欠かせません。

また体育の授業では，0～5mしか泳げないような泳ぎが苦手な生徒たちも含めて，全員に泳力を身につけてもらうことを目指しています。そのために，「毎回息継ぎをする」ということを必ずポイントの1つにあげることにしています。

バタ足ではなく，パタ足

クロールで長距離を泳がせようとするのに，失敗をしているクラスや学校のほとんどが，「バタ足を頑張らせている」ことが失敗の原因であることに気が付いていません。

人の筋肉の6割から7割は，腰から下についています。人間のからだの中で最も大きい筋肉は，いわゆる太ももの筋肉である「大腿三頭筋」「大腿四頭筋」です。この筋肉を精一杯動かしてバタ足を頑張らせるとどうなるでしょうか？　心拍数が上昇し，呼吸が乱れることになります。ただでさえ，クロールの呼吸がスムーズにできない生徒たちに，バタ足を頑張らせる事はナンセンスです。小学校時代に，ビート板でバタ足を頑張る習慣がついている生徒が多く，バタ足を頑張らせないようにすることは本当に大変です。

そこで，「頑張らないバタ足」のイメージがつかめるよう考えたのが，「パタ足」という言葉です。バタ足から，「パタ，パタ」と軽く泳ぐ「パタ足」を身につけた頃には，生徒はだいたい長距離を泳ぐことができるような泳力を身につけ始めています。

アドバイス 2　水泳
平泳ぎ

① ▶ ② ▶ ③ ▶ ④

平泳ぎのフォームの練習は，まずは陸上でやるとよい。
ワンストロークワンビート（ひとかきひとけり）を①〜④のように教える。
①②でプルはかきすぎないこと，コンパクトにかくこと，③でキックの準備，④で蹴った後の伸びを徹底させる。「イチ・ニ・サン」くらいの間，伸びておくこと。

指先からつま先までの"伸びる感覚"を大切にする

　平泳ぎがうまくいっていない人の泳ぎ方の特徴は，手足を常に忙しく動かし続けている場合が多いように思います。一生懸命動かしている割には前には進まないため，疲れて沈んでしまうことがよく見受けられます。

　平泳ぎの学習指導の最初は，フォームから入る方がよいです（その点，クロールと正反対です）。言葉でいうならば，「かいて」「蹴って」「伸びるー」という感じです。これでもまだわかりにくい生徒がいたら，「とにかく，蹴った（キックの）後に伸びるんだ」ということを教えればその感覚をつかみやすいようです。「蹴った」後に，指先から足のつま先までを一直線に伸ばすという感覚を大切にすると，泳ぎを上達させやすいです。逆に，かえる足の指導に目を向けさせると，話がややこしくなります。キックはドルフィン

キックでも，あおり足でも構いません。ともかく，「かいて」「蹴って」「伸びるー」か，「蹴って」「伸びるー」に集中させることが重要です。

プルを矯正する

平泳ぎのプルの矯正は，放っておくと，真っすぐ伸ばした手を半円を描くように体側までもっていき，最後の姿勢が「気を付け」のようになってしまう生徒がいます。そこで，次のような手順で矯正を行っています。①両手のひらを下にして，床面と水平にまっすぐに伸ばす。②手の甲をつけて，そこを０度とし，そこから15度から20度程度のところまで，水をかく。③自らの胸の上部から首下あたりにめがけて，指先を下に向けた状態でかき，手のひらを合わせる。これで１かきとなります。これらをプールに入水して行うのではなく，プールサイドの陸上で何度も練習してから，プールに入って練習するとよいでしょう。

かえる足を習得させる

平泳ぎの「かえる足」を習得させるのは，あらゆるスポーツのスキルの獲得の中で，最も難しいのではないかと思います。

「かえる足」の習得でもっとも困難な課題は，足首からつま先にかけて力が入らず，へらへら状態になっていることです。これを解消するために，陸上で立った状態でかかとをつけたまま足先を開きます。この時に「足首はこのまま固定させておく」と伝えます。つま先までを伸ばす動作を導入するのは，最終的にかえる足がきちんとできるようになってからでかまいません。かえる足がまだ不安定な状態で，かかと部分が固定されず，へらへらしたようになってしまうと，習得までの時間と労力が倍増してしまいます。

生徒たちには，「サッカーのインサイドキックの要領でキックすること」と伝えています。両足を曲げて，キックの準備に入る際に両ひざの間を開きすぎないようにすることもポイントです。だいたい肩幅くらいを基準に，ひざを開くとよいでしょう。

アドバイス 3	水泳

バタフライ

① ▶ ② ▶ ③ ▶ ④

まず，陸上で練習させるとよい。
足に手を合わせるようなイメージで練習する。
足のキックを「イチ」「ニ」と蹴る「ニ」の時に手を合わせるとよい。

キックのビートに手（プル）を合わせる

　バタフライの学習指導では，キックのビートにプルである手を合わせるというやり方が最もスムーズにいきます。まずはプールサイドの陸上で，片足で立った状態で片足を浮かせて，浮かせた方の足で「1・2！」と声をだしながらキックを行い，「2」の時に，手を合わせるようにします。このリズムがプールサイドでスムーズにできるようになったら，水に入って足（キック）のリズムに手を合わせるようにします。この時点では，「潜る」という動きには触れなくてもいいと思います。足（キック）の動きに合わせてリズムよく手（プル）を動かすというイメージでいけばよいでしょう。この時には，腕が多少曲がっていても細かいことに気にしないことです。まずは，バタフライの大まかな動きを習得させる方を優先させた方がスムーズにいくと

思います。ワンストローク・ツービートのバタフライのリズムができるようになれば、バタフライ習得はもう目の前です。

「潜る」動作はイルカジャンプでつかむ

ここまでの動きが習得できたら、手からの入水後に「潜る」という動作を入れるようにします。この「潜る」という動作がこれまでの水泳学習にはない動きになります。私はこれを「イルカジャンプ」で習得させています。

両手を耳の後ろでまっすぐに伸ばし、指先まで伸ばします。その状態から軽くジャンプして体を前方に45度くらいに折り曲げ、斜め45度くらいの角度で入水します。この時に気を付けなければならないのは、絶対にあごを上げないことです。あごを上げて顔から入水するのではなく、あごをしっかり引いて指先から頭頂部の順で斜め45度程度で入水していきます。

水に入っていったら、その角度と同じ斜め45度の角度で上がっていきます。これを繰り返しながら25mの距離を往復すると、だいたい「イルカジャンプ」が身についてくるようになります。

2回目のキックを強くし、その時に息継ぎをする

身につけた「イルカジャンプ」の動きを、ワンストローク・ツービートのリズムに取り入れたらバタフライはほぼ完成です。しかし、ここからがなかなか身につけるのが厄介です。

そこでアドバイスしているのが、「2回目のキックを強くし、その時に息継ぎをしてごらん」というものです。2回目のキックを強くすることは、息継ぎのために水上へ飛び出しやすくすることにつながります。上半身を水上へ出す動作を助けるために、2回目のキックを強くするのだと教えるとわかりやすいかと思います。

そして、「息継ぎ後の入水で斜め45度くらいの角度に潜るんだよ」と説明してやらせてみると、スムーズにいく生徒たちが出てきます。

アドバイス 4 器械運動(マット運動) 後転

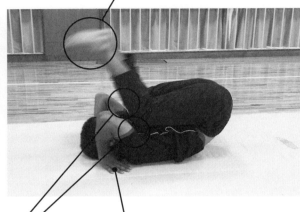

指先に力を入れておく

ひざを曲げず頭の上の方に持っていく

脇をしめる

脇を開かない

きちんと手のひら全体でマットを押すイメージ

基本フォームを大切にする

　後転がうまくいっていない人の特徴はいくつかありますが，基本フォームが安定していないことが最も大きな要因ではないかと思います。後転の基本フォームは，上の左写真のような姿勢です。この姿勢が途中で崩れてしまうことが失敗の原因になりますので，まずはこの基本フォームを丁寧に教えましょう。このフォームでは両手の10本の指先をつまんであげて，ここ（指先）に意識をしっかりもっていくようにさせることが大切であることを伝えるようにしています。

　私はマット運動単元の初めに，この後転を使って,「マット運動はコツさえつかめば誰でもできる」ということを教えます。これから述べるポイントを実践すれば，必ず後転はできるようになるからです。できなかった生徒が

「できる」ようになる瞬間を見せれば，生徒たちにも大きなインパクトを与えることができます。ただし，肥満の生徒は首に負担がかかりますので，無理をさせないよう注意してください。

手のひらをきちんとついて押し出す

　基本姿勢がわかれば，今度は「ゆりかご」の練習です。「ゆりかご」とは，写真の基本姿勢から後ろに倒れ，手のひらをつくまでの状態を繰り返すことを言います。この「ゆりかご」を何度も繰り返します。

　まず，後転ができない生徒には，この手のひらをきちんとつけない生徒が多いです。手のひらでなく手の甲をついてしまったり，こぶしを握ってしまい「グー」状態でついてしまったりと，様々です。

　次のポイントは，手をついたら，ひじを曲げないように押し出すことです。手をついた時，どうしてもひじが曲がってしまう生徒が多く見受けられます。これをひじを曲げずに，しっかりと押し出すことを意識させましょう。

最後は最初と同じ形に戻る

　ここまでできれば，あとは最終局面です。後転の最終的な形は，最初と同じ蹲踞（そんきょ）の姿勢に戻る事です。前述のポイントをおさえてきちんとやれば，本人の想いよりも体の方が先行して動けてしまう場合が多いようです。

　しかし，注意すべきなのは，本人が「できる」と思っていない状態でも「できてしまう」ために，最終局面の準備が間に合わず，正座の状態になってしまう生徒が多く見受けられることです。

　そこで，「最後は最初と同じ形になるんだよ」と言って，最後の形までしっかり意識して行わせるようにするようにします。生徒たちも，「最後は最初と同じ形」とあらかじめイメージをもって行うことで，正座ではなく蹲踞の姿勢にうまく戻ることができます。

| アドバイス 5 | 器械運動（マット運動）
倒立前転 |

つま先まで伸ばす

両てのひらを結んだラインを底辺にした三角形の頂点を見る

回転しはじめてもすぐにひざを曲げない（すぐにひざを曲げると小さな倒立前転になってしまう）

両手のひらを結んだラインを底辺にした三角形の頂点を見る

　倒立前転の倒立が1人でできる状態の生徒の場合，まずは「視線」が大切です。器械運動では，どの技を行う場合でも「視線」が非常に大切です。自分の目がどこを見ているかで，その技の出来栄えが変わると言っても過言ではないと思います。倒立前転の場合，両手の幅はだいたい自分の肩幅くらいです。マットについた自分の両手を結んだラインを三角形の底辺とし，その底辺を基準にした正三角形の頂点あたりを見るような感じでいいかと思います。倒立から回転の動作に切り替える際には，首を引っ込めて，両手の間に首を入れるような形になるようにします。これらの動作を片足に1人ずつの補助をつけて，確実に安心してケガなく行えるようにしていくことが重要です。まずは，補助の2人のイメージトレーニングからやってみてもいいかと

思います。それほど，安心して，安全に練習できる環境をつくることが非常に重要です。

最初から足を曲げないようにする

人は恐怖心があると，体を縮めて丸くなろうとします。倒立することに慣れていない生徒に倒立をさせると，まず，最初から足が曲がったような形の倒立になります。最初から足を曲げて倒立をすると，途中で足が伸びることはまずありません。まずは，最初から足を伸ばして倒立をするように導くことが大切です。

人は，運動を行う時に自分の体がどうなっているかを見ることはできません。そのために仲間の役割が非常に大きいのです。最初から足が曲がっているのか，また途中から足がまっすぐに伸びているのかなど，細かく教え導く仲間の存在があるかどうかで，上達するかどうかが変わってきます。理想は「最初から足を伸ばした状態」で倒立前転に挑むことですが，最初から無理することはありません。倒立した後に，仲間の補助の助けを借りて，足を伸ばしていくことを覚えます。それができるようになれば，だんだん最初から足を伸ばした状態で倒立前転ができるようになっていきます。

足を曲げるタイミングをできるだけ遅らせる

「倒立」から「回転（前転）」に移行する場合，多くの生徒たちは早く足を曲げようとします。どのタイミングで足を曲げるかで，倒立前転の美しさが全く変わってきます。足を曲げなければ，仰向けに「バタン」と倒れます。ここでポイントは，仰向けに「バタン」と倒れる手前くらいで足を曲げることです。このタイミングを習得するためには，繰り返し練習するしかありません。足を曲げるタイミングを遅らせることができれば，大きな円を描きながら倒立から前転に移行することができ，よりダイナミックな演技に見えます。慣れてくれば，「バタン」と倒れるのではないかと思わせながら，きれいに前転に収めることができるようになっていきます。

| アドバイス 6 | 器械運動（マット運動）
ハンドスプリング |

両手をまっすぐ大きく上にあげて，伸びあがるようなイメージ

利き足の腿も同時にあげる

右手は子どもの左手に，左手は子どもの腰に

まず動きのイメージをつかませる

　マット運動が苦手な生徒たちにとっても，そうでない生徒たちにとっても「ハンドスプリング（前方倒立回転跳び）」は憧れの技の１つです。ハンドスプリングをやったことがない生徒たちに最短でできるようにさせていくためには，まず最初にイメージをつかませることが大切です。

　そのために，跳び箱の１段目・２段目（３段目）にマットをかけ，その手前で倒立から前方倒立回転の動きを体験させるようにしています。なぜ，これを先に行うかというと，これをせずにいきなり補助を教師がしてハンドスプリングをさせると，多くの生徒たちが背中を反るという動きができません。逆に背中が丸くなってしまいます。これを矯正するのが大変です。ハンドスプリングは前転系の動きとは全く逆の動きをせねばならないのです。これま

ではお腹を丸めていたのに対してお腹を伸ばして背中を反らねばならないことをまず，教えることが大切です。「跳ぶ」という動作はその動きがわかってからでも遅くありません。最初から「跳ばせる」となかなかうまくいかず，生徒たちは痛い思いをしてしまいます。最初は跳び箱を使ってお腹と背中の使い方を徹底して身につけさせていくことが重要です。

手をつく位置は体の近くに

前方倒立回転の動きが理解できるようになったら，いよいよ，それに対して助走から「跳ぶ」という動作を入れるようにしますが，最初は助走ではなく，歩きで良いと思います。歩いていきながら最後の一歩の際に両手をまっすぐ大きく上にあげて（伸びあがるようなイメージ），自分の利き足の腿も両手と同時に上げます。そして，足をついたすぐ後に両手をマットにつきますが，この時着手する場所はできるだけ自分の体に近い所にすることがポイントです。何も指導しないと自分の体から遠い場所に手をつこうとする生徒が出てきますが，自分の体に近い場所に手をつかなければ，ハンドスプリングはまず成功しません。

着地の補助をしっかりする

「前方倒立回転」と「ハンドスプリング（前方倒立回転跳び）」の違いは，「跳んでいる」かどうかです。前方倒立回転では，手か足かどちらかがマットについている状態がありますが，ハンドスプリングになると手も足も両方ともにマットについていない状態が見られます。

この時点での補助の仕方で，生徒の技のできばえが変わってきます。自分を中心にして右側方向からやってくる生徒に対しては，教師の右手は，生徒の左手の手首あたりを逆手でつかんでやるようにします。教師の左手は生徒の腰に当てて，教師の両方の手で着地まで導くような感じで補助をすると良いでしょう。この補助をする際に，生徒たちには高く跳んで，上から降りてくるようなイメージでやるとよいと言っています。

| アドバイス 7 | 器械運動（マット運動）
連続技 |

倒立前転

伸しつ後転

側転

- 自分の好きな技，得意な技で構成するようにするのがポイント
- 最後にやる技を「決め技」として最も得意で勝負できる技をもってくる

技の構成は自分で決めさせる

　マット運動の連続技の授業が生徒たちから好まれない理由は大きく2つ考えられます。1つは，新しい技を身につけることがなかなかできないこと。そしてもう1つは，連続技の構成が教師によって決められている場合が多いことです。例えば，連続技が教師によって「側転」「倒立前転」「開脚前転」「伸しつ後転」と決められていた場合，股関節が固く「開脚前転」が苦手だと感じている生徒にしてみれば，できればやりたくないと思っている技が最初から決められており，それだけで意欲が下がってしまいます。

　そのため，マット運動の連続技において生徒の意欲を引き出すポイントは，単技に点数をつけて，できるだけ自由に構成ができるように仕組むことです。私の授業では，2枚のマットを縦につなげた上で連続技を行わせ，最後まで

行くことができれば，1種類の技だけで構成されていても10点満点の5点を保障しています。3種類の技を使っていれば6点を保障し，6点以上をB評価にしています。

具体的な評価基準を設定する

連続技を構成させる上では，次の3つのポイントを示しています。

---
①不要な手をつかない（お手つきをしない）
②動きを止めない（流れを止めない）
③技と技のつなぎをスムーズに行う

その上で，具体的な評価基準を下記のように設定します。

7点…①～③のポイントができている
8点…①～③のポイントができており，決め技が3点以上の技になっている
9点…8点の条件を満たした上で，4点の技が1つ以上入っている
9.5点…8点の条件を満たした上で，4点の技が2つ以上入っている
10点…9.5点の条件を満たした上で，取り入れている技が「とてもよくできる」というレベルである

連続技は自己表現の場であると捉える

連続技は「生徒たちの自己表現の場」であると捉え，技の種類や数など，細かな規制は外します。同じ技を何回入れるのも自由，つまり，得意な技で勝負するのも自由です。その中で，興味深い構成を考えた生徒の連続技については，積極的に全員に紹介します。そうすることで，生徒たちは安心してマット上で自己表現を始めます。

| アドバイス 8 | 器械運動（マット運動）
集団演技 |

個の力の集合した形が「集団演技」と捉える

　マット運動の集団演技を行う際にまず念頭に置く必要があるのは，「集団演技」はあくまで個の力の集合体だということです。集団演技にしたからといって，何かのプラスαが生まれるわけではありません。つまり，集団演技を行う前に「個の力」を高めておかないと，決していい集団演技にはならないのです。「目新しさ」や「新鮮な刺激」だけを求めて集団演技に取り組むのは危険です。

　まずは，長期的な視点に立って，中3で集団演技を行うならば，中2の段階で連続技にしっかり力を入れ，「個の力」をしっかりと高めておくことが大切です。

「見てもらい評価してもらう」という意識をもつ

　マット運動の連続技や集団演技は，「人に見てもらい評価をしてもらう」という運動の特性をもっています。そのため，集団演技も創作の最初の段階から，ビデオカメラで撮影をされることを意識して創作していくべきだと考えています。練習の過程からビデオカメラで撮影すると，どのような形になるのかを常に掌握しておきながら，創作に向かわせることができます。

　練習過程では，1クラス6チームで，各チーム7分ずつ本番会場を使用していくようにします。ビデオカメラは本番会場の撮影用に三脚でセットし，7分間の練習過程を撮影します。できれば2台を交互に使い，7分が終了したチームが，今撮影したビデオカメラをテレビモニターにつないで動画を見ながら反省ができるようにするとより効果的です。

お互いの持ち味が発揮できるような構成にする

　以前，映画「パイレーツ・オブ・カリビアン」の音楽を用いて見事な集団演技を創作し，披露したグループがありました。その演技の出来栄えもさることながら，最も感動したのは，そのグループの中にマット運動が苦手で後転がうまくできない生徒が混じっていたということでした。

　演技の構成を工夫することで，苦手な生徒の「できない部分」ではなく，得意な生徒の「できる部分」に光を当てた集団演技をつくることができます。マット運動が苦手な生徒への指導のポイントは次の3点です。

　①できるだけ端の方で演技させる
　②注目させたいポイント（得意な生徒）から遠ざけて演技させる
　③できるだけタイミングを合わせるように演技させる

　これは，苦手な生徒を排除し，得意な生徒を目立たせようとするものではなく，苦手な生徒たちが集団演技を苦にすることなく，参加できるようにするためのもので，思いやりの気持ちをもって取り組ませるようにしています。

アドバイス 9	陸上競技
	ハードル走

振り上げ足はかかと裏が進行方向の人に見えるように

2台のハードルで徹底的に練習する。スタートから第1ハードルまでは12m，インターバルは6〜7mに設定して，駆け抜ける練習をする。単元後半も練習の場は残しておき，50mハードル走のタイム計測と2台のハードル練習を往復するとよい（必要や状況に応じて柔軟に）。

遠くから踏み切って，着地はハードルの近く

　ハードリング上達への「遠くから踏み切り，ハードル近くに着地」という指導です。これを徹底させることで，ハードリングの技術が一気にあがり，タイムが飛躍的に向上します。実際には，「一人一人のスピードと跳躍力が違うから，踏み切り位置は個人でバラバラでよいが，着地の位置だけはハードルになるべく近くに着地しよう」と説明をしています。

　実技の教科書では，踏み切りからハードルの上までの距離と，そこから着地までの距離が「3：2」と説明されています。これはもちろん間違いではありませんが，生徒たちに技能を習得させるには，少々わかりにくい比です。

　生徒たちは一人一人筋力が違いますから，踏み切りの位置を固定化してしまうと，様々な形で支障がでます。そこで，「できるだけハードルの近く」

と着地のポイントのみを決めるという指導をすることで，筋力や能力の個人差は，踏み切り位置を変えることで解消できるのです。実際に試行錯誤しながら生徒たちにハードリングをさせてみて，一番うまくいった指導法が，この「着地をできるだけハードル近くにする」という指導法でした。

ハードル間のインターバルは3歩で行う

ポイントの2つ目は，「ハードル間のインターバルを3歩で行う」という指導です。インターバルを3歩で駆け抜けられるようになると，リズミカルなハードリングをすることが期待できるようになるからです。これは運動としてのハードルの特性にふれさせることにつながります。まずは2台のハードルでインターバルは3歩を練習し，1台ずつ増やしていくと非常にスムーズにいきます。

足は前後に開き，抜き足は地面に対して90度

ビフォービデオ撮影後，単元の序盤は，室内で第2ハードルまでの練習をするようにしています。

歩きながら，振り上げ足をあげて，ツーステップで振り上げ足の着地。その際，つま先が必ず正面を向くように気をつけさせます。抜き足は地面に対して90度の角度で抜くようにします。「振り上げ足はかかと裏に書いてある名前（実際は書いてないが，書いてあると仮定して）が進行方向で見ている先生に読めるようにあげなさい」と指導しています。

慣れてきたら，ジョグ，そして，全速力で走りながら練習をします。この時，くれぐれも上に跳ばないようにさせ，腰の位置が上下動しないようにさせることがポイントです。理想的なハードル走はハードルを跳んでいる時も常に腰の位置が一定で上下動しません。そうすることで，タイムが短縮できるだけでなく，美しさが違います。具体的な言葉がけとしては，「跳んではいけない。駆け抜けることがポイントです」と伝えています。

アドバイス 10	陸上競技
	走り幅跳び

視線を下げない

「イチ」
踏みきる時は胸をはる

「ニ」
腕をしっかり振って跳ぶ

「サン」
着地は足を前につきだす

「1・2」のリズムで空中動作を繰り返す

　体育の授業で行う走り幅跳びでは「はさみ跳び」「かかえ込み跳び」「反り跳び」がありますが，その中で最も授業で取り扱いしやすい「反り跳び」の練習の仕方についてアドバイスします。

　走り幅跳びは，一見地味で面白みがない単元のようですが，実は体育の学習にもってこいの運動単元です。というのも，初期の段階の練習を「狭いスペースでできる」からです。

　具体的には，3m×3mくらいのスペースがあれば，「1・2」のリズムでの空中動作の練習ができます。まず，踏み切る方の足でない方の足を上げてグリコのマークのようなポーズをとります。それが「1」です。それから「2」で両手を万歳するような形で胸を反って立ち幅跳びをするような形で

実際に跳びます。この時，視線を下げないようにすることがポイントです。この動作を繰り返し練習します。繰り返し練習することで体に胸を反って跳ぶことをしみこませるようにします。自然に胸を反って跳ぶことができるようになるような状態をつくったら，次は短助走（7歩）の練習に入ります。

短助走（7歩）で練習する

走り幅跳びの練習の場合も，「疲れない練習をする」ことが大切です。

練習する際は，砂場を横に使って一度に4〜5人が跳べるようにします。この時，助走は7歩にします。7歩目が丁度踏み切りになるように逆算して，スタートの位置を決めて練習します。踏み切る方の足からスタートすると7歩目が利き足の踏み切りになります。この「7歩助走」での練習である程度距離を意識して練習させていくと，本番の助走での跳躍でいい記録が出せるようになります。本番の記録を意識させるため，砂場の両サイドにメジャーを置いておくと，どのくらい跳躍できているのかの目安となります。また，跳躍する際には，「視線を下げない」「視線を上向きにする」というポイントも意識して練習させるようにしましょう。

2つの練習を往還できるようにする

単元の最終盤，実際に跳躍を行い距離を測ると，非常に伸びている生徒と伸び悩む生徒が出てきます。その際は，あえて新たな練習を取り入れるのではなく，これまでやってきた練習にフィードバックして練習に取り組ませることが大切だと思います。

つまり，「1・2のリズムで空中動作を繰り返す」練習と「短助走（7歩）の跳躍」練習を往還できる環境をつくることが大切です。実際の跳躍で伸び悩んでいる生徒たちの多くは，基本的なスキルが十分に身についていないことが考えられます。また，この2つの練習はこれまで繰り返し，行ってきていますので生徒たちは違和感なく取り組むことができます。基本に戻って繰り返し練習させ，また跳躍に挑戦させるといいと思います。

アドバイス 11　球技
バスケットボール（レイアップシュート）

ボールを腰のあたりで持って左足を一歩前に踏み出させておく状態からスタート（右利きの場合）

最高到達点でボールを離し，バックボードを上手く使う。○のあたりにやわらかく当てることがポイント。ボールを置いてくるようなイメージで行う。

　バスケのゲームにおいては「ノーマーク」のシュートは外さないというのが常識で，白熱したゲームを楽しむための最低条件になります。そこで，「レイアップシュート」と「リンク下シュート」の2つのシュートに特化して授業で取り組むようにしています。このうち「レイアップシュート」について，スキルの身につけさせ方について説明します。

右利きは右左ジャンプ・左利きは左右ジャンプ

　レイアップシュートは，なんとなく雰囲気で教えると，勘のいいできる生徒はすぐに真似してできるようになりますが，苦手な生徒たちはいつまでたってもできるようにはなりません。運動のスキルを身につけさせる際には，どのスキルでもそうですが，一つ一つを分解して，丁寧にわかりやすく伝えることが基本になります。その観点で，レイアップシュートでは，まずは必

ず「右利きの人は，ドリブルからボールを保持し，ステップは『右→左→ジャンプ』」と教えます。左利きはその逆です。こうやって文章で書くと簡単そうですが，苦手な生徒たちにとってはひと苦労です。そこで，さらにスキルを分解して，ドリブルが終わってボールを保持した状態からステップ→ジャンプまでの練習を繰り返させます。右利きの場合，ボールを腰のあたりで持って，左足を前に一歩踏み出させておく状態からスタートします。左足を一歩前に踏み出させているのは，次の右足をスムーズに踏み出させるようにするためです。このように動作を分解して「右→左→ジャンプ」を繰り返させ，ジャンプした時にボールを離すように導いていきます。

最高到達点でボールを離し，バックボードをうまく使う

初心者でリングに直接ボールを入れようとする人がいますが，バックボードをうまく活用した方が成功確率が上がることを教えます。ボードのどのあたりにボールを当てればよいのかは角度とボールの強さで変わってきますので，生徒たちには「ボールは当てるのではなく，リングの上に置いてくる」ようなイメージでと伝えます。

試合で積極的に取り入れさせる

レイアップシュートを試合で使えるようにするために，ウォーミングアップに次のようなレイアップシュートのゲームを入れると効果的です。

チームにボール1球を与え，1列に並びます。最前列の生徒からレイアップシュートを打ち，打った生徒はボールを拾い，次の人にパスします。パスを受けた人はすぐにドリブルに入りレイアップシュートをします。つまりレイアップシュートのリレーです。これを連続で2分間行い，シュートの合計数を各チームで競い合います。

試合でも，レイアップシュートで決めた場合は「3点」とするなど，レイアップシュートを用いやすいような工夫をすることで，積極的にレイアップシュートを試合で使えるようになっていきます。

アドバイス 12 球技
サッカー（ボールコントロール・ドリブル）

ウォーミングアップ　　　　　　　　　　　ドリブル練習

つま先から触り　　かかとまで触り続けるのがポイント

コーンとコーンの間は2つのコーンを倒して頂点がふれるくらいにして等間隔に。10個のコーンを使ってドリブル練習会場をつくり，単元の最初と最後にタイムを計ると，全員大幅に伸びる。

　サッカーは「ボールコントロールに始まりボールコントロールに終わる」と言ってもいいスポーツです。日常生活では「歩く」「走る」以外にほとんど使用しない「足」を中心に，全身の各部位をどれだけ上手に使いこなせるかが非常に重要になります。私はサッカーでのシュートは「パスの延長」と考え，シュート練習はせずに，ボールコントロール中心の練習にしています。

ボールを触り続ける練習をする

　練習は1人にボール1球準備し，常にボールに触れる環境を作ります。小グループ（5人）単位で練習を進めるのが一番効率的だと思います。
　ウォーミングアップも，走る代わりにボールコントロール練習をします。歩きながら，つま先からかかとまでボールを触り続ける練習が最適です。50m先まで歩きながらボールを触り続けます。この練習の良い所は，ボールを

常に体の真下でコントロールし続けないとできないところです。

「習うより慣れよ」でドリブル練習をする

ウォーミングアップが終わったら，コーンを使って「インサイドドリブル」練習，「アウトサイドドリブル」練習，「つま先裏ドリブル」の練習を繰り返します。ドリブルの練習は，「習うより慣れよ」，つまり，足を使った練習をやればやるほど上達します。ドリブルが上手にできない生徒たちに共通するのは「ボールを触っている時間が短い」ということです。「ボールはトモダチ！」ではありませんが，「できるだけ長くボールに触り続ける」ことが大切だと教えて練習に取り組ませることです。

パス＆トラップでオープンスキルにつなげる

練習で身につくボールコントロールは「クローズドスキル」ですが，要はこれらのスキルが「オープンスキル」としてゲームの中でどのくらい生かせるかが勝負です。そのためには，パスとトラップをミックスさせた「パス＆トラップ」が有効です。

5人組が2人と3人に分かれて向かい合います。パスをした人がすぐにボールを受ける人に向かって走りプレッシャーをかけます。ボールを受ける直後に正面からパサーが走ってきますので，トラップで走ってきたパサーをよけるようにします。トラップも，インサイドやアウトサイドでさせることに加えて，足下にボールを収めてパサーにボールを取りに行かせて，それをかわす練習も有効です。

コーンで作ったゴールで行う2対2から3対3。ハンドボールゴールを使ったコート（20m×40m）での4対4。そして40m×80m程度のコートでの8対8等，大きさや条件を変えてゲームをしていきながら，1人でボールをドリブルしていくのではなく，パスが出せる状況にあればできるだけパスを出すようにさせ，球離れをよくさせていくようにします。すると全体のスキルが向上していきます。

アドバイス 13 球技
バレーボール（パス）

2人で向き合って対人パス練習をする。腰より高いボールはオーバーハンドパス，腰より低いボールはアンダーハンドパス。慣れてくると写真のように，スタンディングでスパイクを打ってアンダーで受ける練習が有効。

　バレーボールの特性は，「球技ではバレーだけが，"ミス"が即"失点"になる」ことです。また，サッカーやバスケはスーパースターが1人いれば，その人がドリブル突破してシュートまで決めることができますが，バレーは1回につき1人が触れるのは1回のみです。つまり，周りの協力なくしては成立しないスポーツであり，一人一人の役割が非常に大きいスポーツです。オーバーハンドパスとアンダーハンドパスは，別々に教えるより同時に教えた方が習得は早いです。腰より高いボールはオーバーで，低いボールはアンダーで処理しなさいと教えています。

1人でオーバーハンドパスの基本を身につける

　オーバーハンドパスの指導は，まずは「10本の指を使ってボールをキャッチした時の手でパスをする」こと，さらに，「おでこの上で構えた状態のと

ころでボールをキャッチし，その状態から押し上げるようにパスをする」ことです。練習方法は，まずは2人一組で，1人が構えているところに，もう1人がふわっとしたボールを投げてやるようにします。慣れてきたらお互いにパスをしあうようにします。

1人で練習させる場合は，体育館の壁から30cm程度の距離で，壁に向かってオーバーハンドパスの練習を繰り返させることで，指先や手の感覚を身につけるのに最適な練習になります。

アンダーハンドパスは直上パスで身につける

アンダーハンドパスは，両腕を1本の板のようにすることが難しく，ボールを当ててもまっすぐ上に飛ばず左右にいってしまうことがよくあります。これを解消するためには，1人で直上パスの練習をさせることが最も有効です。その際，膝を上手に使っていくことがポイントであることを教えます。

1人1球ボールを用意し，ともかく実践をさせながら指導していくようにしています。上手にできている人がいたら，その都度，全体の前で紹介し広げていくようにします。

少人数のゲームで練習する

身につけたパスをゲームで生かすようにするためには，まずは少人数（3対3〜4対4）のゲームで練習させるとよいでしょう。バドミントンコートで行うことが望ましいです。試合の開始方法は常に，相手コートの後衛の人の名前を呼んで，その人にとりやすいボールを両手で投げ入れるようにさせています。

前任校ではバドミントンコートが全部で6つあったため，勝ったら上がり，負けたら下がる方向へコートをずれていくようにさせると大変盛り上がります。生徒も「次こそは勝とう！」と白熱したバレーのゲームができるようになります。そうなってから初めて正式なコートでゲームをさせると，大変盛り上がったバレーボールのゲームができるようになります。

アドバイス 14	球技

バレーボール（スパイク）

ボールは前でとらえる

前に流れないようにジャンプ

スパイク練習では，対人パス練習（p.96）でスタンディングのスパイクを打って，ボールを打つ感覚を養っておくことが大切

対人パスの延長でスタンディングのスパイクから入る

　スパイクを教えていく際には，最初はスタンディングの状態から教えるようにするとスムーズです。バレーボールのスパイクは，ストレートのボールを投げた時の回転と逆の回転をボールに与えなければなりません。つまり，ボールに対するヒットです。このヒットが不十分だと，ボールを投げた時と同じような回転になり，結果的にスパイクはスムーズに身につきません。そこで，対人のオーバーハンドパスとアンダーハンドパスの練習の延長にスタンディングのスパイクを入れるようにします。お互いにスパイクを打ちやすいボールを上げるようにして，いいボールを上げてもらった方がスタンディングのスパイクを打つようにします。打たれたスパイクをアンダーハンドパスで拾い，またパスにつなげるようにしていくことが大切です。1年生では

なかなかうまくいきませんが，2年生から3年生になってくるとスパイク入りの対人パスができるようになってきます。こうなってくるとバレーボールの楽しさが練習でも味わうことができるようになってきます。

前に流れないようにジャンプする

　走り幅跳びのジャンプは前方向へ跳んでいくジャンプですが，バレーボールのジャンプは前に跳んではいけないジャンプです。当然のことながらネットがあるからです。まずは助走なしのジャンプからのスパイクを打つ練習をして，それから助走ありにつなげるようにするとスムーズです。セッター役の人に両手でボールを上げてもらい，助走しないでその場でジャンプしてスパイクします。この練習でジャンプからスパイクの感覚をつかませることが重要です。そして，次に3歩助走からスパイクを打つ練習をします。右利きの人は，「右→左→右」の3歩助走が基本です。ジャンプの時の両足はほぼ同時について踏み切るようにします。3歩助走はタイミングをとるのが難しいため，うまくいかない時は助走なしのスパイクに戻れるようにして，この2つのスパイク練習を繰り返すことが重要です。

ボールは前でとらえる

　最後のポイントは，スパイクのボールを「前でとらえる」ようにすることです。前過ぎるとネットに引っ掛けてしまいますので，ネットに引っ掛けないような状態で前でとらえるように心がけさせます。前でなく上の方でかぶるような形でスパイクを打つと，ホームランのようなスパイクになってしまいます。実際に，ホームランのようなスパイクになったとしても，生徒には「それは良い失敗だ」と言ってあげたいものです。その時に「もう少し前でボールをとらえてごらん」とアドバイスをしてあげて下さい。その一言のアドバイスで生徒はメキメキ上達していきます。最初にホームランのようなスパイクを見た時には，もうすぐ上手になる前兆だと捉えてよいかと思います。

アドバイス 15	武道
	# 柔道（けさ固め）

けさ固め

相手の右腕を自分の左脇でしっかりはさみ，絶対に抜けないようにする。
自分の左足をとられないようにする。そのために時計回りに回転することも有効。

寝技の試合

固め技を一気に教えたら，上のように背中合わせの姿勢から寝技の試合をするとよい。両ひざをつけるか，どちらかのひざを畳につけることがルール。

　一時期，マスコミで柔道の授業でのケガや事故がクローズアップされ，授業で立ち技をしなくなり，寝技でもガチンコ勝負が避けられるようになりました。もちろん，ケガには気をつける必要がありますが，寝技の場合は，ガチンコ勝負でもほとんどケガはありません。むしろ，初めて学習する寝技に不安を感じている生徒たちに，柔道の醍醐味を味わわせるチャンスです。

相手の右腕をとり，使えなくする

　けさ固めのポイントは，「相手の右腕（右利きの人の場合，左利きは逆）をとり，使えなくする」ことです。抑え込む際に，相手の腕をとることよりも，首筋をつかむことを優先させると，簡単に逃げられてしまいます。しかし，相手の右腕をしっかりつかんで離さなければ，けさ固めは必ず成功します。まずは相手の右腕をつかんで離さないようにすることです。

両足でバランスをとる

　けさ固めを行うにあたってもう1つのポイントは，自分の両足でバランスをとることです。両足を広げすぎず，間隔を狭くしすぎず，相手の逃げたい行動を自分の両足のバランスで防ぐようなイメージです。慣れてきたら，両足を使って時計回りに回転することをやらせてみるとおもしろいと思います。時計回りへの回転を行うことによって，抑え込まれている人からの戦意喪失をねらえることもあります。時計回りへの回転は，積極的な「逃げ」だと捉えてみるとおもしろいかと思います。この回転をし始めると抑え込まれている方からすると崩すのが難しいと感じるでしょう。

「約束げいこ」で実践する

　「けさ固め」を教えたら，約束げいこをします。約束げいことは，仰向けになっている相手に「けさ固め」でしっかり抑え込んだ状態で，教師が「はじめ！」をかけます。制限時間は20秒。時間いっぱい抑え込めたら抑え込んだ方の勝ち，制限時間内に抑え込まれていた方が逃げることができたら，抑え込まれていた方の勝ちとなります。上と下を交代しながら，相手を変えて3～4回繰り返します（「横四方固め」「縦四方固め」「上四方固め」も「けさ固め」の約束げいこと同様に1回ずつ程度でどんどん進んでいきます）。この時点で技能を完全に身につけさせることまでは考えずに，なんとなく「わかる」「できる」程度でかまいません。柔道で白熱するような授業をつくる上で押さえなければならない大切なことは，習った内容をすぐに「実践で試してみる」ということです。習ったけさ固め等（クローズドスキル）はすぐに試合形式の練習（オープンスキル）で試してみさせ，習った技が十分に使えていないと判断した場合は，再び技（クローズドスキル）の練習に戻ってスキルの定着を図ります。球技だけでなく，柔道の授業においても，「クローズドスキル」と「オープンスキル」の往還的な内容にすることが，白熱授業の大切なポイントです。

Column 2

青年とともに成長を目指す
―授業を実践した大学院生の感想①―

　下野式体育授業においては，システマチックに授業が構成されているところに特徴があると考えます。そのため，流れが明快であり，その日に見て，その日に真似ができる点においてその有効性が示されます。それはまさに，下野先生が目指されている体育科教育の一般化であるように考えます。この1年間，下野先生の授業をまず見て，それをそのまま真似する形で私たちも実践を積んできました。その日に見て，その日のうちに自分が実践をする。そうした短いスパンのなかでも確実に授業の流れをつかみ，真似ができ，なおかつ成果を示すことができるということが，この1年間を通して実証されました。

　限られた授業数のなかで確実に成果を上げ，なおかつ各領域の特性に触れさせるために，何を教え，逆に何を省くのか，そこの取捨選択がはっきりとなされ，生徒を導きたいゴール像に向けて授業が最短距離で進むところに，授業がヒットする理由があると思います。その際，常に，何を教えるのか，何を身につけさせたいのかがはっきりしており，評価基準も明確に示されます。生徒自身が何を目指すべきなのかがはっきりしており，それは生徒側だけでなく，私たち教師側の指導のしやすさや授業の理解にもつながっています。

　1年間実践をしていくなかで，下野先生の授業を真似るだけでなく，自己の指導力の成長も大きく促されたと感じています。特に，生徒の実態からスタートすることができるようになり，実態に応じて生徒への対応，授業の流れを臨機応変に変化できるようになれたことが成長の1つであると実感しています。生徒の実態から授業を考えるという方向性が，よい授業のスタート地点であることを学びました。また，一見淡々とこなしている生徒への説明にも，声がけにも下野先生には必ず意図があります。その意図が何なのかについて，認識し，意識することが，授業力の向上につながっているではないかと考えます。例えば声がけについて，①生徒をどの方向性に導きたいのか，②そのためにどんな言葉がけをするのか，③生徒のどこの層に焦点を当てて言葉がけをするのか，という視点を意識するなかで，自分の心からでる言葉が増えてきたように思います。

（福岡教育大学大学院　松永武人）

第 3 章

体育指導だけじゃない！
教師力向上の心得

心得 1　何のための教育かを明確にする

教育の目的は「人格の完成」

　私は教育の分野でも哲学的な思索は必要だと考えています。
　「人生の目的」「教育の目的」「何のための教育か？」これらがすっきりしている人は，教育現場においても成果をあげている人が多いように思います。しかし，これらが曖昧で，もやもやしている人は体育授業においても曖昧な実践の人が多いのではないかと思います。
　「何のための教育か？」を問われたら，それに対する答えはたくさんあると思いますが，私は，「生徒たちが自分の力で将来夢をかなえるための力を身につけるための教育」と言います。少々長いですので，もう少し短くして，シンプルに考えましょう。
　「教育の目的」を教育基本法では「人格の完成」と定義しています。それは皆さん誰でも知っていることと思います。ではなぜ，「教育の目的」を「人生の目的」と同じく「幸福」にしなかったのでしょうか？　私はその関係がわからず，30代半ばから後半にかけて悩んでいました。するとある時，その答えがふとわかったのです。教育の目的を「人格の完成」，つまり「人格者を育てる」にしたのは，「人格者は例外なく幸福になることができるから」ではないのかと思いました。生徒たちを人格者に育て，生徒たちが人格者を目指して成長していく中に，「幸福はある」のではないかと考えたのです。また，別の角度から言えば，「人は人格者を目指し，努力していく以外に幸福への道はない」のかもしれないとすら，思えてくるようになりました。

いかに「人格者」を育むか

　では，「人格者」を授業でどのように育んでいけばいいのでしょうか？

まずは,「人格者」とはいったいどのような人を指すのか？　そのことについて考えてみる必要があると思います。

では,私が考える「人格者の条件」を列挙したいと思います。

---
①自分に厳しく,他人に優しい
②目標を掲げ努力を継続することができる
③人に対して思いやりの気持ちにあふれている
④向上心にあふれ,学び続けようとしている
⑤知識と教養にあふれている

それらを実際の教科でどのように考えていけばよいのでしょうか？

私は,授業を通して,「やればできる！」ことを教えるのが体育の教科の役割だと思っています。中学生期におけるほとんどの生徒たちは,自分に自信をもっていません。また,他人と比較して劣等感にさいなまれている生徒たちも多いものです。そのような生徒たちはもちろんのこと,すべての生徒たちが体育におけるすべての単元の授業で,自分と仲間の成長を実感し,「達成感を味わう事ができる」かどうかが非常に重要だと考えています。

その「達成感を味わう」ための手段として,「ビフォーアフタービデオ」を制作し,「自分と仲間」の両方が大成長している姿をビデオで客観的に認識させるようにしています。「やればできる！」を味わった生徒たちは,自分と仲間たちの可能性の大きさに気が付きます。つまり,自分自身と仲間たちのことを宝（ダイヤの原石）の存在として認識し始めるのではないかと思うのです。

達成感を味わった後に書く単元終了時の感想文には,自由記述であるにも関わらず,自分で目標を設定し,それに挑むような記述が見られます。それは,「できた！」「伸びた！」という良質な達成感は,次への意欲のモチベーション,意欲的な行動に必ずつながっていくからではないかと思います。

心得 2　生徒相互の人間関係を大切にする

仲間の自分磨きを助ける

　前項で述べたように，授業を通じて生徒たちに「達成感」を味わわせることによって，生徒たちは自分自身の可能性に気付き，自分で自分を磨こうとする意欲が沸き起こります。そうなると，自分を磨くとともに，仲間の自分磨きを助けるようにもなるのです。そこで，登場するのが「ＳＴ学習」です。人格者の条件である，「①自分に厳しく，他人に優しい」「③人に対して思いやりの気持ちにあふれている」という２つは，「ＳＴ学習」で鍛えられると思っています。

　中学生の年代の生徒たちは，何もなければ友達としか関わろうとしませんが，ＳＴ学習では意図的に，普段交流がない人とも関わることが求められます。その関わるきっかけは，たとえ「しぶしぶ」であったとしても，まだＡ評価やＢ評価を獲得できていない仲間が必死になって努力しようとしているのを支援していく中で，これまでに味わったことがない充実感を感じることは間違いありません。また，自分（ＳＴ）が関わったことで成長し，Ｂ評価の人がＡ評価に，Ｃ評価の人がＢ評価になった時，本人と一緒にＳＴが喜んでいる姿はいつ見ても感動的な光景です。このようなシーンが私の体育授業では毎単元ごとに繰り返されます。

助けるのがあたりまえの関係をつくる

　「ＳＴ学習」を続けていくことで，いつしか，仲間を助けるのはあたりまえになり，「ＳＴ学習」を仕組まずとも，生徒たちは勝手に，できている人に尋ねていくようになり，尋ねられた人は丁寧に答えるようになります。また，できている人が周りを見て，まだできていない人に自分の方からアドバ

イスをする姿も普通に見られるようになります。

　このような「麗しい人間関係」が構築できるようになると，次にどのような困難や課題が自分と仲間に迫ろうとも，必ず上手に乗り越えていくことができるようになります。

　授業中はもちろんのこと，その他の場面でも機会あるごとに「どんな人にならないといけないの？」と尋ねます。その度に生徒たちは「人格者です」と答えます。耳にたこができるくらい，言い続けていいと思います。

日々の授業に全力で取り組む

　生徒たちに「人格者になる」ことを求めている以上，私も人格者を目指し努力していく事は当然だと思い，日々の授業を全力で行ってきました。

　生徒が書いた１年間の体育学習の感想から，私がどのような考えの下で「人格者」を育てようとしてきたのかを，推し量ってくださればありがたく思います。

●**みんなの下野先生（中３・男子）**
　（下野先生は）みんなが不安になっている時は「うろたえるな」と言っていた。「お前らならやれる」と言われて，なんか自信がついていた。下野先生の言葉は重みがあった。ほめられたらとてもうれしいし，おこられたらすごく反省してしまう。だから波ができていた。おこられたり，ほめられたり，よくなったり，悪くなったり，その繰り返しで僕たちは一人前になっていった。（中略）
　先生は体育以外でも先生らしさを出していた。例えば朝，まだ眠いのに学校に来た。「つかれた，帰りたい」そう思っている時，チャッ，チャッ，チャッ，チャッ。誰かが走ってくる。先生だ。「あーおまえらがんばれよー」といいそうな笑顔で教室に入ってくる。「窓開けろ」「ほら，おまえたち元気出せよー」みたいなことを言ってくれた。なんか非常に元気が出た。後をついて行きたいと思うくらいだ。（以下略）

心得 3　いじめ問題の捉え方を変える

いじめ問題の考え方（捉え方）

　教育界を含めて「いじめ問題」の考え方（捉え方）に間違いがあるのではないかと思っています。まずは，「いじめ」「からかい」「いじわる」「思いやり」「親切」。これらのワードを数直線上に，並べてみましょう。

いじめ・からかい・いじわる等の考え方

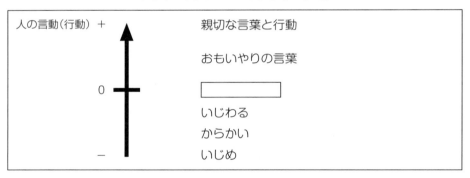

　これらの行為の中では「いじめ」が最もマイナスな位置に配置され，次に「からかい」「いじわる」という順になっています。プラスは「おもいやりの言葉」，一番上のプラスが「親切な言葉と行動」となっています。これらの位置関係については，多くの方に賛同していただけると思います。考えてほしいのは　　　　の中に入る言葉です。この中にどのような言葉を入れるのが適切でしょうか？

　私は あたりまえ・普通 という言葉を入れたいと考えます。数直線上の「０」の場所ですから，「マイナス」でも「プラス」でもないワード，つまり「あたりまえ」「普通」を入れるのがしっくりくるのではないかと思うのです。

　そこで考えてほしいのは，一連の「いじめ問題」に対しての対策や目標の

設定の仕方です。「いじめ」がない状態は「マイナス」でもなく，「プラス」でもない「０」です。そこを目標にするのはおかしいのではないでしょうか。言い換えれば，「いじめがない」という状態は，「あたりまえ」「普通」のことであり，目標にかかげることではないということです。

　他教科や部活動に目を転じてみるとわかりやすいかもしれません。「あたりまえ」のことや「普通」のことを目標にするでしょうか？　しませんよね。必ず，なんらかの「プラス」のことを目標にするのではないでしょうか？　ところが話がこと「いじめ問題」になると，なぜかその目標が「いじめ０」等になっていないでしょうか？　気持ちはわからなくもないのですが，私は「いじめ問題」の目標もプラスに，つまり，「思いやり」や「親切な言葉と行動」を目標にすべきではないかと考えます。

「いじめ問題」の具体的な指導の実際

　私は学年の生徒たち全員に，「いじめがない」＝「あたりまえ」ということを周知徹底しています。そして，「人をいじめないというような基本的であたりまえのことを目標にはせず，誰に対しても思いやりの気持ちをもって接する，親切にするというのを目標にしよう」ということを提案します。

　ある学年で，全員で参加する自然教室の時のこと，阿蘇山の苦しい登山で最初は一人一人がリュックを背負って登山を開始していましたが，あと少しで頂上という最も苦しい場面で，リュックを背負っていない生徒が何人もいました。周りに目を向けてみると，お腹と背中の両方にリュックを背負っている人が何人もいました。尋ねると，「○○さんに『リュックを持ってあげようか？』と言ったら，『大丈夫』という返事でした。しかし，どう見てもとても大丈夫そうではなかったので，○○さんのリュックをお腹側に担ぎ，自分のリュックを背負うことにしました」との返事でした。

　もう10年も前の話ですが，今でも思い出すとその時の生徒たちの誇らしい顔が目に浮かんできます。この集団には深刻ないじめやからかい，いじわるもなく，皆が仲良く楽しく伸びていくことができました。

心得 4 「なぜ？」「どうやったらできる？」を大切にする

「考える力」

　才能や能力に乏しいと思っていた自分自身でも，わずかな授業時数の中で，生徒たちのスキルを上げることができるようになりました。なぜ，そのようなことができるようになったのでしょうか？　私は「考える力」によるのではないかと思っています。

　私は体育授業の進め方やポイントについて，どなたか先輩に習ったわけでも，書籍から学んだわけでもありません。生徒たちと一緒に授業の中で悪戦苦闘しながら，「なぜ，できないのだろう？」「どうやったらできるようになるのだろう？」という素朴な疑問を試行錯誤によって解決していきました。

各単元の疑問＆解決法

　以下に，私が抱いた疑問とその解決の仕方を紹介しますので，参考にしていただければありがたいと思います。

単元		疑問と解決法
クロール	疑　問	なぜ，みんな長距離を泳げないのだろう？
	気付き	泳げない子には「バタ足を頑張っている」子どもが多い。
	解決法	「バタ足」をほとんど使わないクロールを実践。
	結　果	「浮いているついでに泳ぐ」というリラックス法を生み出し，皆泳げるようになった！
平泳ぎ	疑　問	なぜ，みんな平泳ぎですいすい泳げないのだろう？
	気付き	泳げない子は，手足を同時に動かし続けている。
	解決法	「かいて（プルのこと）」「蹴って」「伸びるー！」という一連の動きを取り入れ，「『伸びるー！』の時に休みなさい」と指導。
	結　果	フォーム改善から入ることですいすい泳げるようになった！

ハードル走	疑　問	なぜ，みんなハードル走が苦手で嫌いなのだろう？
	気付き	うまくいかない子は，50m走路に設置している5台のハードルを跳んでいくうちにだんだん失速していっている。
	解決法	3台目以降を設置せず，2台のハードルだけで徹底練習。
	結　果	飛躍的に記録が伸びた！
マット運動	疑　問	マット運動がなぜ嫌われているのだろう？
	気付き	「上手にできるようにならない」「決められた通りにやらねばならない」ことが原因。
	解決法	ちょっと頑張ればB評価を獲得できるよう基準を設定した。
	結　果	個性と力を発揮し，意欲的に取り組めるようになった！
バレーボール	疑　問	なぜ，バレーボールが楽しいという生徒とちっとも面白くないという生徒に分かれるのだろう？
	気付き	パスが上手に「できる」「できない」で，好き嫌いが分かれる。
	解決法	オーバーハンドパスとアンダーハンドパスをセットにして教え，身につけたパスをミニゲームですぐに生かすことができるようにした。
	結　果	白熱した熱戦が繰り広げられるようになった！　ほとんどの生徒たちがバレーボールが楽しいと言うようになった。
バスケットボール	疑　問	バスケ嫌いの生徒が少なからずいるのはどうしてだろう？
	気付き	試合でシュートを決めることができないから。
	解決法	ノーマークのシュートの成功率をあげて試合でシュートを決めることができるようにした。
	結　果	5分間の試合で15点〜20点の高得点で白熱した熱戦のゲームができるようになった！
サッカー	疑　問	なぜ，サッカー嫌いがけっこういるのだろう？
	気付き	ドリブルやトラップなどのボールコントロールが上手にできないから試合が楽しくないようだ。
	解決法	ウォーミングアップから練習までボールコントロールが上手になるような練習を仕組んだ。
	結　果	感動的な試合ができるようになった！

心得 5 集団づくりは「見る」「聴く」「参加する」で決まる

集団づくりの第一歩は「見る」こと

　私は学年の生徒たちの集団づくりの際に,「見る」「聴く」「参加する」を明確に位置付けています。もちろん,これだけで集団づくりができるわけではありませんが,これがあるのとないのとでは,大違いです。

　研究発表会等での多くの方の研究授業や,日常の様々な授業,朝の会や帰りの会等を見てきましたが,話をしている教師を見ていない生徒たちがたくさんいました。また,生徒同士でも,仲間の発言を見ていない生徒たちが多くいます。

　私は「集団づくり」の第一歩は,発言している人を「見る」ことだと思っています。心から大切に思っている人が何らかの発言をしようとしていれば,必ず,その人の方を「見る」のではないでしょうか。逆に言えば,発言している人を「見ていない」のは,その人のことを大切に思っていないから,というのは言い過ぎでしょうか。仲間の発言に対して,「見ていないけど,大切に思っているよ」ということを言う生徒がいたとしたら,どんな指導をされますか？

修学旅行で生きた「見る」「聴く」「参加する」

　私が最初に「見る」「聴く」「参加する」を指導し始めた時の学年は中学2年でした。これらを日常生活で徹底指導し,ほぼ定着しているなと感じた頃に,修学旅行がやってきました。この「見る」「聴く」「参加する」は修学旅行先でも抜群の効果を発揮しました。

　例えば,初めてのホテルでも,見学先でも,どこででも話をする人の顔をしっかり「見て」「聴く」ということがあたりまえになっており,特別に指

導する必要はありません。特に圧巻だったのが，旅行先のバスの中でした。一番前の席に座っていた私は，後ろの状態がどのようになっているか，わかりません。たまたまバスの中の様子を写真に撮ろうと思い，後ろを向いてガイドさんの目線とほぼ同じ位置関係から，写真を撮影しました。その時はその写真がどんな写真かなど気にも留めなかったのですが，あとでその写真を引き伸ばしてみて，驚きとともに感動しました。

　なんと，全員の眼が話をしているガイドさんに向けられていたのです。撮影したのはたしか２日目の午後，修学旅行先でもっとも眠くなる時間帯です。その時間帯に誰一人寝ずに，生徒たち全員の眼がガイドさんに向けられていたのです。

　最終日のお別れの日，生徒たちは３日間の感謝の気持ちを込めて，ガイドさんにいつもクラスで歌っていたスピッツの「チェリー」の合唱を全員でプレゼントしました。みるまにガイドさんの目からは涙がはらはらとこぼれ落ちていきました。

　このガイドさんは経験３〜４年の20代の若い方でした。別れ際にガイドさんから，素敵な話をうかがいました。「実は，このバスガイドという仕事を辞めようかと思っていました。特に中学生の修学旅行では，誰も話を聞いてくれず，反応もほとんどない状態が続き，向いていないのでは？と思っていたのです。ところが今回の生徒さんたちと出会って，改めてバスガイドの仕事の素晴らしさを実感しました。もう少し頑張ってみようと思います」というものでした。

　集団づくりの一環で始めた「見る」「聴く」「参加する」が，修学旅行先のバスの中で，このような感動的なできごとを起こすなんて，まったくの予想外でした。自分はバスガイドに向いていないと失意の底に沈んでいた一人の人の人生を良い方向へ変えることができたのですから，本当に素晴らしいことだと思います。

　この件以来，生徒たちは自分たちの集団に自信を深め，さらに素晴らしい集団へと，自ら成長していきました。

心得 6 人生は何との戦いかを考える

自分の「悪い習慣」との戦い

　「人生は何との戦いでしょうか？」と研修会等で尋ねると、皆さん口をそろえて「自分との戦い」とおっしゃいます。間違ってはいないと思いますが、私はちょっと曖昧すぎると思うのです。

　思うに、「人生は自分の『悪い習慣』との戦い」ではないでしょうか。

　生徒たちを見ていると、「能力」や「才能」に大きな差はありません。なのに、学力やスポーツで大きな差が開くのはどうしてでしょうか？

　生徒たちをじっくり観察していると、それらの差がどこから来るのか、自分なりの答えをもつ事ができるようになりました。それは、生徒たちの差は「能力」による差ではなく、「習慣」による差ではないのかということです。

　ある時、誰もが「天才」と思っていた学年トップクラスの成績を誇る生徒に対し、「学校から家に帰ってきた後の行動を教えてほしい」という質問をしました。すると彼は、家に帰ると、すぐに勉強にとりかかると答えました。彼はご飯を食べる前に2時間、ご飯を食べ終えた後に1時間、計3時間の勉強を毎日行っていました。彼にとって、毎日3時間の勉強は習慣となっていたのです。

　さらに彼は、次のように答えました。「夜、寝る前に歯を磨くよね、朝、学校へ行く前にも歯を磨くよね。寝る前に歯を磨かないで眠れる？」「いや、歯を磨かないと安心して眠れません」「そうだろうね。『歯磨き』も習慣だよね。その『歯磨き』と毎日の『3時間勉強』には、差はある？」「差はありません」「では、毎日『歯磨き』をするという習慣と、毎日の『3時間勉強』の関係はどう？」「同じです」。

　常に最優秀の成績をとり続けるO君でしたが、彼は「天才」ではなく、

「努力家」だったのです。まさか，「歯磨き」と「3時間の勉強」が同じ習慣だとは思いませんでした。

　次は，成績がふるわない生徒たち数人に同じことを尋ねました。すると，家に帰って，冷蔵庫を開けるところまではO君と一緒でしたが，それからO君はすぐに勉強にとりかかるのに対して，成績がふるわない生徒たちは「テレビの前でダラダラする」「ゲームをだらだらやっている」と言っていました。聞いてみると，ほぼ毎日，だらだらしていることがわかりました。

　成績がふるわない生徒たちにとっては，家に帰るとテレビを見たり，ゲームをだらだらとやったりすることが習慣化していたのです。この悪い習慣を1つ1つ変えていくことが，人生の戦いではないかと思います。

40年間，努力に次ぐ努力で生きてみて思うこと

　中1（13歳）の時に，才能や能力が周囲よりも劣っていると感じた私は，ともかく努力するしかないと腹を決め，「努力」で生きてきました。途中，挫折し，涙を流したことは数知れずありましたが，自分を信じて努力の歩みだけは止めず，努力で生き抜いてきてみたら，これ以上ないというくらい人にも恵まれ，最高の人生を歩むことができるようになりました。40年間努力し続けていると，「人の2倍，3倍の努力はあたりまえ」となり，周囲の方々からは「大変ですね」と言っていただきますが，努力があたりまえの私は，ちっとも大変ではないと思っています。どんなに苦しい状況でも笑顔で努力し抜くことができるようになりました。

　私は，「努力を継続できる」ことが最も大きな才能であるのかもしれないと思います。「努力が習慣になってしまった」私の人生には「努力をしない」ということがもはやできません。そうなると，自分の人生からは「負け」がなくなるように思います。

　そして私は，この努力の素晴らしさを日本中の中学生たちに味わってもらいたいのです。

心得 7　授業で成長している姿を保護者と学年教師に伝える

自分と仲間が「ともに喜ぶ」ことが「真の喜び」

　授業の中から生まれた様々なドラマや感動を，そのままにしておくのはもったいないことです。感動冷めやらないうちに，学年の他の教師たち，そして保護者の方々に伝えましょう。

　体育に限らず，全教育活動の中で起こる生徒たちの成長する姿を，その関係者（教師・保護者・生徒たち）が知っておくということは大切なことです。その中で，授業で成長する生徒たちの姿が保護者や他の教師に届くか否かは，教科担任の働きかけ次第です。

　授業で感動すること，生徒の成長が感じられるようなことが起こったら，まずは学年の先生たちに，口頭で伝えましょう。

　そして，保護者に対しては，1章でも紹介した体育科通信を活用します。単元終了時に発行し，運動単元に対する考え方と取り組み方，生徒たちの単元全体の感想を掲載します。生徒たちや保護者のほか，学年の先生方全員に配布するのもよいでしょう。

　生徒の成長している姿を伝えることには，関係者が生徒たちの実態を把握するという教育的な意味合いの他に，もう1つのねらいがあります。それは，「喜び」を皆で共有するということです。

　ＳＴ学習等を通して，生徒たちには仲間の成長を喜ぶ姿がたくさん見られるようになってきました。生徒たちも多くを語ってくれますが，授業を離れた教師や保護者に対しては，担当教師からの言葉がより大きな説得力をもちます。最近では与えられていない仕事はしないという先生方もおられます。そんな先生もあまり難しく考えず，生徒たちの喜びや感想を，そのまま他の教師や保護者に伝えてみてください。

生徒たちの感想

発行した体育科通信「ヒューマン」の中から，生徒の成長が伝わる感想を紹介します。

●劇的に変わった私（中2・女子）
　私は最初，スポーツが大嫌いでした。（中略）でも，中学校に入学して体育をすると，いつも楽しくて，試合があって勝ったら，すごく嬉しかったりするから，こういう喜びや感動を通して，案外，私，体育好きなのかなと思いました。それくらい，一番最初の頃と比べて，私変わったかなと思えました。

●喜びにあふれたマット運動（中2・女子）
　私は今回のマット運動の授業で2つのことを学びました。1つ目は「人に教えることの楽しさ」です。（中略）教えていく内にその子がどんどん上手になっていって，先生から褒められて，点数が上がっていくのが，私はとても嬉しかったんです。そのうち「人に教えるのが楽しい!!」と思えるようになりました。（中略）2つ目は「成長した自分への喜び」です。ビフォーアフタービデオを見て感動しました。足先までピンと伸びていて，自分でも美しく見えました。でもそれは，ビデオを見た時だけではなく，普段の授業でも感じられました。自分の技が点数としてあらわされるので，上がるたび，とても喜びを感じました。

●心の面まで成長できたマット運動（中1・男子）
　（前略，マット運動の授業で）練習の時に先生が「自分が下手だなと思っていることは勘違いだ」とおっしゃった時に，その言葉を心に留めました。今までできなかった技もどんどんできるようになっていき，自分の成長というものを感じ始めました。体育では技能の成長だけでなく，心の面でも成長することができたと思います。

心得 8 ジャンルを問わず，常に勉強し続ける

教師自身が学び続ける

　生徒たちには「勉強しなさい！」と言いながら，先生や親自身が勉強しないようではいけません。中学生の生徒たちから「なぜ勉強しないといけないのですか？」と問われた時，私は「人格者になるために勉強するのだ」と答えています。『7つの習慣』でコヴィー博士は，「永続的な成功を手に入れたいのならば，人格を磨くしかない」という趣旨のことを訴えていますが，全く同感です。私が考える人格者の条件の1つには，「知識と教養にあふれている」というものがあります。その部分を磨くためにも，まずは教師自身が，学び続ける姿勢を見せなければならないのではないかと思います。

教育論文に挑戦する

　教師が自分を磨くための手段の1つとして，「教育論文に挑戦する」ことをおすすめします。

　教育論文を書くことは，これまで自身が行ってきた教育実践を振り返るよいきっかけになるだけでなく，教育実践を広く社会に還元することができます。私は「一般化できる研究こそが大きな価値がある」と考え，意欲さえあれば「誰でも真似ができる」研究を心がけてきました。

　私の場合は，「読売教育賞の教育論文コンクールで賞をとる」ことを「一流の教師になる」ための条件と考えていました。かつて，著名な教育研究者の方に「読売教育賞で入賞したいのですが…」と電話で尋ねてみたことがありますが，「ものごとには順番というものがありますよ。まず先に地元教育委員会主催の教育論文コンクールで入賞してから，読売教育賞に挑戦した方がいいのではないですか？」とたしなめられました。「なるほど」と思った

半面,非常識かもしれませんが,研究者の考える「セオリー」や「常識」よりも,自分自身の強い気持ちの方を大切にしたいと思いました。

読売教育賞には平成19年に初挑戦し空振りでした。平成22年に再挑戦し,優秀賞をいただくことができました。平成28年度東書教育賞教育論文コンクールの「中学校の部」でも優秀賞を獲得することができました。

クリミア戦争に従軍し,看護師の仕事を「天使」へと昇華させる働きをした偉人・ナイチンゲールは戦争後,本国英国へ戻り,数々の論文を書き,世の中を正していく活動を展開されました。次元は全く違いますが,私も青年教師や意欲的な先生方のため,論文は書き続けたいと思います。それが自分のためでもあると思うからです。

良書を読む

生徒たちと日常会話をする際にも,教師である自分自身が読書をしているかどうかで,話の内容が全く違ったものになります。最近3年間で私が読んだ本の中から,おすすめのものを列挙してみます(タイトルのみ)。

●海外文学
『アルプスのタルタラン』／『嵐が丘』／『母の肖像』／『赤と黒』／『武器よさらば』／『ジャン・クリストフ』／『戦争と平和』／『アンナ・カレーニナ』／『女の一生』／『田園交響楽』／『大学時代』／『大地』／『罪と罰』／『レ・ミゼラブル』／『カラマーゾフの兄弟』／『モンテ・クリスト伯』
●日本文学
『次郎物語』／『さぶ』／『花杖記』

中でも山本周五郎の『花杖記』に収録されている「武道無門」には感動しました。本当に深く考えさせられる内容の物語で,教師を目指す大学生や大学院生,青年教師の皆さんにもお勧めです。

良書に出会うということは,宝に出会うことと同じだと思います。生徒たちに啓発できるような挑戦をやり続けたいと思います。

Column 3

青年とともに成長を目指す
― 授業を実践した大学院生の感想② ―

　下野先生の授業では，生徒全員が積極的に授業に参加している様子が伺えます。その理由として，どの単元においても，ビフォービデオを撮り終えた次に，技能評価についてポイントを端的に説明し，その評価に応じた指導を段階的に行うため，生徒が理解しやすく，取り組みやすいことが挙げられます。

　また，Ａ評価を獲得した生徒は一般的な体育の授業の場合，次に何を取り組めばよいかわからない展開が見られることが多くあります。しかし，ＳＴ学習では，Ａ評価を獲得した生徒が，Ａ評価を取っていない生徒を指導するため，常にやるべきことが明確となり，授業に意欲的に参加することができています。

　教える側の生徒は，教える生徒の技能を向上させるために様々な言葉や動作を使って教えるため，思考力・判断力が養われ，活動を通して学びに向かう力や人間性等の高まりが見られます。一方，教えられる側の生徒は，教えてもらったことを考え実践し，試行錯誤しながら技能が向上することによって，思考力・判断力が養われていくと考えます。このＳＴ学習は，別の単元になると教える側だった生徒が教えてもらう側に，教えてもらっていた生徒が教える側にと変わっていくことで，両方を学び，相手のことを尊重する気持ちや協調性など人間性の育成にもつながり，学級運営にもつながっていく効果あると感じています。

　下野先生の授業を受ける前までの生徒たちは，「できない，できっこない」という言葉がちらほら聞こえてきていました。しかし，単元を通して，「やればできる」という感情に変化し，最終的には，「もっとできるようになりたい」という意欲的な気持ちを全生徒がもち，良い評価を狙うために全生徒が同じ意識，目標をもって学習しています。このＳＴ学習を通して，授業に向かう姿勢が全生徒に伝わり，学ぼうとする意欲が高まる効果があると考えます。

（福岡教育大学大学院　徳田昂保）

第4章

やればできる！
体育授業が生んだ感動ドラマ

ドラマ 1　クロール1000mを泳ぎ切る

Aさん（中3女子）の挑戦

　水泳シーズンは短く、悪天候の時にはすぐに中止になります。そこで私は、夏休みを有効に活用するようにしています。夏休みならば泳ぎが苦手な生徒たちも時間を気にせず、じっくり、落ち着いて取り組むことができると考えたのです。夏休みの「水泳補充学習会」を行い始めて15年になります。

　前任の中学校に勤務していた頃、1学期にクロールで1000mを泳ぐことができなかった生徒たち十数人を対象に夏休みの補充学習会を行うことにしました。その中にAさんはいました。もともと水泳が嫌いで苦手な生徒たちです。喜んで来ている生徒は1人もおらず、しぶしぶ参加している子がほとんどです。Aさんも明らかに不満げな顔をしていました。全員を泳げるようにさせてあげたいと願うものの、なかなかうまくいかないものです。今は不満そうな顔をしていても泳げるようになったら変わるはずだと、自分を納得させ取り組むことにしました。

　いざ、指導してみると呼吸に問題があることがわかりました。クロールにおける呼吸は、ほとんど機能していない場合は10～15mくらいで立ってしまい、少しだけ呼吸ができている場合は25～75mの間で立ってしまいます。

　Aさんの場合はいつも15mくらいのところで立ってしまっていましたので、クロールの呼吸が「ほとんど機能していない」ということになります。

　水泳の指導ではまず、25m泳げるようになること。そして、次には50m泳げるようになること。それが大切です。Aさんは3回目の練習でコツをつかみ、50m泳げるようになりました。次は50mの距離を泳ぎ、一定の休憩時間を経てまた泳ぐという練習を行いました。これは結構ハードな練習で、50m泳いで1分くらい休んでまた50mの距離を泳ぐというものです。呼吸がしっ

かりできていなければ途中で立ってしまいます。しかし，Aさんは50m泳いで1分休んで，また50m泳ぐというサイクルを5回続けることができました。こうなったら，必ず1000m泳げると思い，次の補充学習会の日に，「クロール1000m」に挑戦させることにしました。

　そして，迎えた当日，ターンの練習を行い，準備を整えてAさんはクロール1000mへの挑戦を開始しました。これまでの練習で50mは確実に泳げることはわかっていたものの，それ以上の距離を泳いだことはなかったため，50m以上がどのようになるかは想像しにくいものがありましたが，Aさんは果敢に挑戦を続けました。

　「ともかく，ゆっくりでいい。もっとゆっくりいけ！」と声をかけ続けました。1000mの距離を泳ぐ場合，最初に飛ばしてしまうと，疲れてしまい最後まで泳げなくなるからです。泳いでいる最中は，なかなか声が聞きとりにくいため，折り返しのターンの時にAさんの耳に声が届くように声をかけ続けました。100m，200m，300m…500mと順調に距離を伸ばしていきます。折り返しのターンを間違わないようにするために，ホワイトボードに「正」の字を書いて，記録していきました。半分を過ぎた頃から，声がけを，「あと400m！」「あと300m！」という風にカウントダウンしていきました。「残りあと50m！　あと1往復！」と大声をだして激励し，とうとう最後の一往復を見事に泳ぎ切りました。ゴールしたAさんと握手しながら声をかけました。「良かったなぁ！　良かったなぁ！」と言うと，Aさんは「ゴーグルの中が涙でいっぱいになって…」感極まって言いました。「泣きながら泳ぎよったと？」「はい，泣きながら泳いでました」「何mくらいから涙が出たと？」と尋ねると，「200m」と教えてくれました。5分の1の頃から，残り800mの距離をずっと涙を流しながら泳いでいたことになります。できないと思っていたことが「できる！」と確信したことが，いかにAさんの心を感動でいっぱいにしたことか，考えただけで胸が熱くなりました。

　さらに，Aさんに「人間ってさ，いつ泳げるようになるか，わからんやない。今日の人もおれば，明日の人もおるし，明後日の人もおるしね。大切な

事は自分を信じて努力の歩みを止めないことなんだ。自分を信じて努力の歩みさえ止めなければ、いつか必ず泳げるようになるわけやからね」と話しました。Aさんのように水泳が苦手で苦しんでいる生徒たちも、泳げるようになった時、きっとAさんのような気持ちになることでしょう。自分の心の中に「私はやればできる！」という明かりがともる瞬間かもしれません。

　泳ぎが得意な生徒がさらに泳げるようになるのもすばらしいことですが、運動が苦手だからこそ、泳ぎが苦手だからこそ、「できる」ようになった時、普通の生徒たちの数倍の喜びに包まれるのだと思います。

クロール５ｍしか泳げなかったＳ君の挑戦

　私は水泳の「ビフォービデオ」を撮影する際に、「どのくらい泳げますか？　25m未満の人は教えて下さい」と尋ね、泳げない生徒の名前に赤丸をつけて、撮影前に把握しておきます。これは、泳げなくなってプールの途中で立ってしまった時のシーン、顔の表情までをしっかり撮影できるようにするためです。そうすることで、その子が泳げるようになった時のアフタービデオで、ビフォービデオとの違いがよりクローズアップされ、本人の達成感が増幅されます。

　Ｓ君が中１の時の水泳の第１時間目でも、事前に泳げる距離が25m未満の人を尋ね、Ｓ君が25m泳げないことは把握していました。

　いよいよＳ君が泳ぐ順番がきて、私はプールのほぼ中央（約12m付近）に位置して、撮影を開始しました。するとＳ君は一度もかけず、一度も息継ぎができず、５ｍの距離で立ってしまったのです。これまでは、どの子も最低10mから12m付近までは泳げていたため、問題なく撮影できていました。しかしＳ君は５ｍの距離で終わってしまったために、ビデオカメラから遠い位置になってしまい、撮影をやり直さないといけなくなりました。

　これまで何人も厳しい状態の生徒を見てきましたが、ここまで泳げない生徒は30年間で２人目でした。非常に厳しい状況でしたが、それでもＳ君はクロールの３つのポイントを自分なりに理解して熱心に練習に取り組み、１

年次の最後には75mまで泳ぐことができるようになりました。

　当時，1年次には500m泳ぐことを目標にし，2年生で1000mに挑戦するようにしていました。S君は2年次も地道にコツコツ練習していき，いよいよ挑戦当日を迎えました。

　1000mに挑戦する日の授業は4時間目の時間帯でした。ゆっくりした泳ぎで泳ぎ続けるS君。800mの距離を通過した時点で，4時間目の終了時間になりました。しかし，ここまできて，「時間がきたから終わり！」とは言えません。他の生徒たちを教室に戻し，私は泳ぎ続けるS君を見守りました。50mごとの往復をホワイトボードに「正」の文字で確認して，ターンをするたびに「今，○○○mだ！　頑張れ！」と伝えていました。

　975mのターンを成功させて，折り返してきました。いよいよ1000mのゴールです。壁にタッチした後すぐにS君と握手しようと思い，私は手を差し出していました。しかし，S君はなぜか私の手をかいくぐってターンをしたのです。ターンをする際には毎回，S君に聞こえるように大きな声で，現在の距離を言い続けていたはずです。私の声が聞こえていなかったのでしょうか？　それとも，私は嫌われているのかな？とまで思いました。

　すると，1050mの到着時にも，S君は先程と全く同じように，再び私の手をかいくぐって，ターンをしたのです。今度ばかりは勘違いではなさそうです。ははあん，何か意図をもって泳いでいるなと思い，S君が気が済むまで泳がせることにしました。結局，S君は1300mまで泳ぎ切りました。

　泳ぎ終わった後，がっちり握手をして，「どうして1000mで終わらなかったんだ？」とS君に尋ねました。「いけるところまでいきたかった」との答えが返ってきました。S君は昼ご飯も食べずに30分間も延長して泳ぎ続け，1300mも泳いだのでした。

　S君の胸の中には中1の時に5mしか泳げなかった自分自身の姿があったのかもしれません。わずか2シーズン目で1300m泳げるようになったS君は，なんと260倍の伸びでした。こんな驚異的な「伸び」と感動を味わえる教科，それが体育なのだと胸を張って言いたい気持ちで一杯です。

ドラマ 2 ハードル走で驚異のタイム

ハードル走の秘密に迫る

　ハードル走は，できる生徒たちにとってはとても楽しみな運動である一方で，できない生徒たちにとっては苦痛を感じる運動です。私は実のところ，教師になるまでハードル走がうまくできたことはありませんでした。いつも，「できる」人たちをうらやましく眺める1人の生徒でした。最初の第1ハードルまではいいものの，第2ハードル以降，だんだんと失速し始め，第3から第4に行く頃には，もうよれよれの状態になっていました。

　そこで，「なぜ，ハードル走がうまくいかないのか？」を考えながら指導していくと，生徒たちの動きから一定の法則を見つけることができました。ハードル走でうまくいっていない生徒たちには様々な課題があると思いますが，一番の問題点は「跳んでいる時間が長い」ことです。実技の教科書どおりを意識しすぎたハードリングをさせると，どうしても間延びしたハードリングになり，跳んでいる時間が長くなります。走るだけの50m走が一番速いわけですから，タイム短縮のためにはできるだけ50m走のフォームに近づけることがポイントになります。そのために，「跳んでいる時間を短く」するよう指導することが有効なのです。

　言うのは簡単ですが，では実際にハードルを「跳ばない」ようにさせ，「駆け抜ける」ようなハードル走にさせるにはどうしたらいいのでしょうか。そこが最も難しい問題です。私は試行錯誤を繰り返しながら，実際に生徒たちに「踏み切り」と「着地」の位置関係を決めて，やらせてみました。

　まずは，実技の教科書通り，「踏み切り」位置と「着地」位置が，ハードルを中心にしてほぼ同じ距離でやってみました。「どうだ？　感触は？　駆け抜けるような感じでいけているか？」と尋ねてみると，生徒たちからはい

い返事が返ってきません。「『なんとなく』跳んでいる時間が長いような気がします」という答えばかりでした。そこで，今度は思い切って「踏み切り」の位置を決めずに着地の位置だけを決めてさせてみました。「いいか，全力で駆け抜けるんだぞ。意識するのは着地の位置だけだ。できるだけハードルに近い所に着地をしてごらん」そう言ってやらせてみたところ，先程とは見違えるようないいハードリングを何人もの生徒たちが披露して「先生！ これがいいです！ このやり方がスピードを落とさずにできます」と目を輝かせて主張してきたのです。傍で見ている私にもその興奮が伝わってきました。「これだ！ これだったんだ！ 踏切の位置ではなく，着地の位置を決めてハードリングをさせることが最重要だったのだ」ということに気付きました。足が速い生徒とそうでない生徒，跳躍力のある生徒とそうでない生徒，生徒たちには個性と言われる特徴がたくさんあるものの，ポイントは「着地」にあったことがわかりました。そこで，生徒たちには，「"着地"をハードルの近くにしたら"踏み切り"は一人一人バラバラでいいんだよ。ハードルの近くに着地することだけを考えて，全力で駆け抜けていくんだ」と言うと納得の表情をしていました。この「踏み切りと着地の関係」がわかったことは，私にとっては革命的なことでした。従来から指導していた「振り上げ足」と「抜き足」の指導を徹底させながら，「踏み切りと着地の関係」というより，「着地」をどこにすればよいか（ハードルのすぐ近くに着地するというイメージ）を指導していくことにしました。

生徒たちの二段階における「競い合い」

　50mハードル走で最高の成果をあげるためには，5台のハードルで記録を計測するまでに，真の実力を身につけさせておかねばならないと考えていました。そこで，私は「二段階の競い合い」を考えて仕組んでいました。

　一段階目は，「2台のハードルで競い合い」，そして二段階目は，「5台のハードルで本番と全く同じ条件での競い合い」です。

　一段階目の「競い合い」では，50mの半分の距離である25mのコースに2

台のハードルを設置して，生徒たちに「競い合い」を楽しませていきました。4～5人の少人数グループに1つのストップウォッチを渡して，記録に挑戦する人，タイムを計測する人，スターター，応援する人等，それぞれの役割分担を自分たちで決めさせて自由に計測させていきました。すると，あちらこちらから大きな歓声が上がります。「やったー！　伸びたー！」「くそー，あと0.1秒やった！」とか，自分たちの思いのたけをこの練習にぶつけている様子がよくわかります。

　スタートから第1ハードルまでの距離は12mでハードル間は，少人数のグループの都合で変えていいことにしています。つまり，「5.5m」がいいのか，「6.0m」がいいのか，はたまた「6.5m」がいいのか，様々なインターバルの距離でハードル走をやってみて，一番走りやすい距離を探し，本番の50mハードル走でそれを生かすようにしたらいいと考えていました。というより，自分にとってどのインターバルの距離が一番良い記録がでるかを把握しておくことが全体の競技力向上に直結すると思っていましたので，そのあたりを丁寧に指導していきました。

　陸上競技の指導においては，正式な評価ではない場面で，自分たちで主体的に行い楽しむためにストップウォッチを活用することはとてもいいことだと思います。特に少人数に1つストップウォッチがあれば，タイムを巡って競い合いが始まるところが素晴らしいと思います。

本番走路（50mハードル走）を使っての競い合い

　2台のハードルを設置した25mコースで，徹底して練習しているため，本番走路に挑ませると，信じられないくらいすごいタイムを出し続けていきます。ビフォーの記録から1秒以上縮める更新はあたりまえで，2秒以上もタイムを縮めることも珍しくはありません。

　私は生徒たちに「全員がA評価を獲得できるようにしたい！」と宣言していますので，生徒たちはA評価以上の獲得に意欲的に取り組みます。5台のハードルを跳び越して，50m走の記録＋「2.1秒以上」かかる生徒はほとん

どいなくなります。「1.6秒から2.0秒まで」のＢ評価も少なくなります。そして，「1.5秒以内」のＡ評価が全体の８割くらいになります。さらにそのＡ評価の中から約３割前後の生徒たちが「1.0秒以内」であるＡＡ評価を獲得するようになります。

　いい記録が出せるかどうかは，だいたい「第１ハードル」から「第２ハードル」で決まってきますので，生徒たちには「ベスト記録が出せそうかどうかは自分でわかるだろ。だから第２ハードルくらいまでに，"失敗したな"と思ったら，そこでコースアウトしなさい。無駄なエネルギーを使っちゃいかんぞ」と言っています。50mの距離を何度も全力で走ると好記録が望めなくなりますので，スタートして第１～第２ハードルまでの間で，そのまま走りきるかどうかを判断させるようにしています。

　生徒たちは様々なことでお互いに競い合っているようでした。ある生徒は，純粋に記録であるタイムに挑戦をしていました。また，ある生徒は自分の50m走の記録に対してタイムを縮めていく努力をしていました。

> ●驚くほど伸びたハードル走（中２・女子）
> 　私はハードル走が嫌いでした。やりたくない気持ちがあり，とても嫌でした。最初，ビフォービデオを撮った時，思い通りに跳べなくて，本当にうまくなるのかなととても不安でした。でも，頑張ってみようと思い，体育の時間，あきらめずに最後まで頑張ろうとしましたが，なかなかうまく跳べなくて，直した方がいいと言われて，それが悔しくて，何回も練習をしました。練習していると，「おー，いいねぇ！」「上手になったねぇ!!」などと褒められて，本当にとても嬉しかったです。やっているうちに楽しいと思わなかったハードル走がだんだん楽しくなっていって，自信がつくようになりました。50ｍハードルのタイムを計ってみると，自分でも驚くほどタイムが伸びていてびっくりしました。先生が作ってくれた「ビフォーアフタービデオ」を見た時，本当に成長したと思い，とても良かったです。最初は楽しいと思わなかったハードル走がいつの間にか楽しいと思うようになりました。「嫌い」だったのに好きになれてよかったです。

ドラマ 3 日本一のタンブリング

タンブリングとの出会い

　私は教師になった時から，何かで「日本一」になりたいものだと思っていました。生徒たちとともに一緒になって夢を追いかけてみたいと思ったからです。私にとって「日本一」を目指すことは手段であって，「目的」ではありません。「日本一」を目指すことによって，教育現場を活性化できればいいなと思っていました。

　タンブリングとの出会いは，教師になって2年目の体育会でした。先輩の体育の先生に「今度の体育会でタンブリングをやるぞ！」と言われ，「ん？　タンブリング？　何だそれは？」と思いました。説明を受け，「どこが組体操と違うのだろう？」と思いましたが，体育会の経験もほとんどない私は，あれこれ考えるよりもまず，先輩の先生が指揮する「タンブリング」というものを見せてもらうことにしました。

　当時の体育の授業は男女別習があたりまえで，体育会でも全男子と全女子に分かれて当然というような流れがありました。初めて全校の全男子による「タンブリング」を見た時，言葉では表現しづらいような「集団の美」を感じたものです。中でも私が「美しいなあ」と思った演技は，タンブリングの中の「一人演技」の部分でした。一糸乱れぬまとまりで全校の男子が「ピシッ！ピシッ！」と手をたたく音，気をつけの音が1つの音としてグラウンド全体に響き渡る様は，なんともいいようがないものでした。

　当時のタンブリングは笛か太鼓で行っており2人以上の複数演技は，基本的にこれまで見てきた「組体操」と同じ内容でした。

　タンブリングについての解釈はいろいろあると思いますが，私は「連続的な動きのある組体操」のことをタンブリングとしていいと思います。

組体操からタンブリングへ

　タンブリングの一人演技の「美しさ」に感動した反面，二人演技以上の動きに対して笛や太鼓を使うことに，私は違和感を覚えました。笛や太鼓が悪いというわけではないのですが，それは全体の動きを見ながら，人が操作して笛を吹いたり太鼓を叩いたりすることの「古さ」に対しての違和感だったのかもしれません。漠然とした違和感に対する答えはないものの，どうしたらもっといいタンブリングになるだろうかと考えながら，全女子の「ダンス」をなんとなく眺めていた時，音楽に合わせて大集団の動きがぴったりそろっているのを見て，思わず「これだ！」と思いました。「タンブリングも音楽を使ったらピッタリそろうじゃないか！」それから，私はタンブリングに音楽を用いることにしました。はじめは演技の一部のみでしたが，徐々に音楽の割合が増え，最終的にはすべての演技を音楽に合わせて行うことができるようになりました。

生徒たちのタンブリングリーダー（実行委員会）

　タンブリングの指揮を執り始めてすぐに，生徒たちのリーダー（実行委員会）を組織していきました。はじめは，タンブリングの技に合わせて次々と変化していく場所の位置取りを手早く行うために，リーダーが自分のクラスの位置を覚え，クラスの仲間たちに指示していく，というのがリーダーの主な仕事でした。

　しかし，リーダーの存在の大きさに気付き始めた私はいつしか，このリーダーたちにタンブリングを創作させて，最高のタンブリングを創ろう！日本一のタンブリングを創りたいと思うようになっていきました。リーダーたちと一緒になって演技を考えていくうちに，数々の面白い発見がありました。

　最初に曲で演技を考えたのは，男子が全員仰向けになっている状態での演技です。演技に使うのは「腕」と「手のこぶし」です。地面と垂直の方向に両方の腕をまっすぐに伸ばし，手を合わせます。これを基本ポーズとして，

「バンザイ」,「気をつけ」,「両手を開く」,「片手がバンザイで片手が気をつけ」, そして「その逆」を音楽に合わせて動かしていきます。

　観客の方々からの視線は平均すると立位でだいたい150cm前後の高さです。そこからグラウンド全体を見渡すと, 人の腕が1本の棒のように見え, その棒がにょきっと出てきたり, 倒れたり, 様々な動きを音楽に合わせて行うことで, 見たことがないような光景が広がります。演技している生徒たちは自分たちの演技がどのように映っているのかは全く想像できないため, 後にビデオ等で見た時の感動は大きくなります。

　他にも, 1列目正座, 2列目ひざ立ち, 3列目中腰, 4列目直立で人間の顔の壁をつくり演技をする「フェイスゲーム」も大盛り上がりで, 遊び感覚で面白い演技をつくっていきました。特に,「ミッキーマウス」の軽快な曲のリズムに乗せた演技は面白く, 中学生の男子たちの顔が左右に揺れ, まさにコミカルです。顔を中心にところどころで手のひらや腕も登場し, 見る人を飽きさせないような構成にしました。本番, フェイスゲームが終了すると, 大きな歓声と拍手が響き渡りました。

日本一のタンブリング

　1989年に教師になって以来, 私はいつか日本一の教育実践をやりたいと考え, チャンスをうかがっていました。そして, 2008年に入学してきた生徒たちを迎えるにあたって, いよいよその勝負に出ました。

　中学最初の体育会が終わったばかりの5月, 中学校のことがまだよくわかっていない中学1年生男子たちに向かって,「おまえたちが3年生になった時の体育会は日本一のタンブリングをするぞ！」と宣言しました。生徒たちは, 一同ポカンとした表情になりました。他人事のような気持ちで聞いていた子もいたかもしれません。

　私はそれから, 日本一のタンブリングができる集団づくりを意識し, 日々の授業を行っていきました。とりわけ力を入れたのはマット運動でした。毎日希望者によるマット運動の練習で身につけてきた技能のレベルはもはや中

学校体育授業のレベルをはるかに超えたところにありました。保護者が参観する体育会でその姿を披露できないかと考えていました。

体育会まであと半年となった時，「お前たちが中１の時に，先生が言ったことを覚えているか？」と，再び生徒たちに問いかけました。そして，日本一のタンブリングに，オープニングでマットと跳び箱の披露をすることを発表しました。それからは，演技内容づくりから始まり，必死に練習を行いました。一人演技の曲と振付を春休みの宿題にして，演技者は始業式の午後，体育科教師が選考するオーディションで選考しました。さらに，リーダーたちは自分が担当する演技の曲と演技内容の計画を提出しては，何度も何度も修正，改善し，本番前３週間でやっと「演技図」が完成しました。それから猛練習を行い，本番を大成功させることができました。この時の感動は教師・生徒・保護者のすべての人の一生の宝の思い出になったことだと思います。

● 日本一のタンブリング（中３・男子）
　僕は１年生の時から，先生が言っていた「日本一のタンブリング」を目指し，毎日，毎日授業や昼休み時間を通してマットの練習をしてきました。その成果を生かす場で，僕はタンブリングリーダー長という役に就きました。「必ず，日本一のタンブリングをつくる」という信念で，どうすれば，より良いものにできるかと試行錯誤を繰り返し，演技図を完成させました。それは簡単なことではありませんでした。周りの人からの見られ方や技の見せ方など，すべての面で日本一を創るための先生からの細かい指示に，妥協せず日本一を追求しつづけました。始めにある「マット運動＆跳び箱」では，演技図通りにできた時にはゾクゾクしました。これができれば絶対に日本一だと確信しました。他にはタンブリング最高の演技である「気をつけ」から，苦痛を乗り越え，我慢するところまですべてを極めた時，タンブリングが完成しました。この時味わった感動は，苦痛や痛みに耐え，がむしゃらに日本一を目指し，一生懸命やった人にしかわからないものです。一生忘れられない宝になりました。

ドラマ 4 不可能を可能にしたＳＴ学習

「猫の手も借りたい」忙しさの体育授業

　体育の授業は，時に「猫の手も借りたくなる」ほど忙しくなる時があります。それは，単元の中の技能獲得場面です。すべての運動単元において，生徒たち一人一人が自らの技能の向上のために熱心に取り組む時，私たち教師も，何としても技能を身につけさせてあげたいという気持ちで一生懸命に取り組みます。しかし，１クラスの生徒たちはマックスで40人です。１人で40人の生徒たちの技能の向上を保障するのは，少々無理があると思いました。

　「猫の手も借りたい」くらいに忙しい状況で，「何とかせねば」と一番困っていたのは水泳の授業です。とりわけ困っていたのは，「クロール」におけるフォームの改善のための授業でした。泳がせるだけなら何とかできても，40人のフォームの改善を１人で何とかしようとしても「焼け石に水」のような状況が続きました。そこで，思い切ってフォームの改善が必要ない生徒たち（Ａ評価を獲得できている生徒たち）に，まだＡ評価，Ｂ評価を獲得できていない生徒たちの指導をお願いしてみました。すると，驚いたことに生徒たちは短時間で急速に技能を伸ばしていったのです。その瞬間，「これだ！これからこのやり方でいこう」と思いました。生徒たちへ技能の保障をするという長年の悩みが解決したような気持ちになりました。

　そこで初めて，「小先生（スモール・ティーチャー）」という言葉を使いました。今から14年前の2004年頃のことです。

システムを確立し，広がる「ＳＴ学習」

　素晴らしい取り組みであっても，授業で実践するためには，体育の学習としてどのように位置付けられ，どのように機能させるかを考えることが大切

です。
　「ＳＴ学習」においては，私は次の２つのルールを設けて実践しています。

> ①ＳＴには評価をする権利を与えない。
> ②生徒たち自身にＳＴを選ばせる。

①「ＳＴ」には評価をする権利を与えない
　これはつまり，「ＳＴ」としていかに上手に仲間の技能を引き上げることができたとしても，その「ＳＴ」たちに評価をさせる権利を与えないということです。その理由は，第一に「評価」の権利を与えると友人関係を損なう恐れがあるからです。そして第２に，そもそも生徒たち同士，対等の関係でありながら，仲間が仲間を評価することはおかしいと考えるからです。正しく公平公正に評価をするのは教師の仕事であって，その一部であっても生徒たちにゆだねることは，生徒たちの人間関係を損なう恐れがあります。

②生徒たち自身にＳＴを選ばせる
　もう１つの大きなルールは，生徒たち自身に，「ＳＴ」を選ばせたことです。生徒たちには生徒たちの人間関係があり，短時間で最高の成果を上げたい「ＳＴ学習」では，この人に教えてもらいたいと思う人に教えてもらうことが最も効果的だからです。「ＳＴ」の立場からすると，他にも複数の「ＳＴ」がいる中で，自分を選んでくれたということは非常に嬉しいことです。そこで，「よし，一生懸命に教えてＡ評価にしてあげよう！」と，自分を選んでくれた人の評価を上げてあげたいと考えるのは，人として自然な心の発露ではないかと思います。

　まだ「ＳＴ学習」を実践されたことがない先生からの質問に多いのですが，「せっかくＳＴになれたのに，誰からも選ばれなかった生徒がいたらどうするのですか？」というものがあります。確かにこの点には注意が必要です。

　ＳＴ学習のＳＴが誰からも選ばれない場合は，２種類の理由が考えられます。１つはＳＴの生徒が意地悪やからかいを行っている場合，もう１つはＳ

Tには何の問題もないのに生徒たちから避けられている場合です。1つ目の場合は，ST本人への指導が必要です。普段の行動がこういう時に出ることを伝え，「もっと普段から親切にしなさい」と指導しています。また，2つ目のようなケースはほとんどありませんが，もしあった場合は，体育の授業を止めて全員を対象に指導します。なぜならばそのような集団は「公平・平等・親切」等の基本的な資質に欠けているからです。

　一方ST学習では，単元が変わるごとにSTが変わるため，人間関係が固定化するような弊害はほとんどありません。高評価を得た生徒は，その瞬間から今度は自分が「ST」として活躍せねばならない状況になります。

　これらのルールに従って，これまでに行った「ST学習」には，次のようなものがあります。

●陸上競技
「ハードル走」におけるフォームの改善
●水泳
「クロール」／「平泳ぎ」／「バタフライ」におけるフォームの改善
●マット運動
「連続技」の改善／「倒立前転」のフォームの改善
●跳び箱運動
「ハンドスプリング」／「ヘッドスプリング」／「ネックスプリング」におけるフォームの改善
●球技
「バスケットボール」のレイアップシュート／「バレーボール」のオーバーハンドパスとアンダーハンドパスのフォームの改善／「サッカー」ドリブルボールコントロールにおけるスキルアップ

驚異の「ST学習」

　一斉学習には限界があります。とりわけ，運動が苦手な生徒や運動嫌いな生徒たちに対しての指導は一斉指導では基本的に難しく，ほとんどマンツー

マンで指導していくことが必要になってきます。

「ＳＴ学習」を始めたことで，生徒たちが書く単元末の感想文には，「運動嫌い」「運動苦手」意識が克服された内容が非常に多く見られるようになりました。「ＳＴ学習」が，運動嫌いな子の意欲を引き出す大きな助けとなることが実感できます。

「運動嫌い」「運動に対する苦手意識」克服の感想文をいくつか紹介します。

●１年間でいちばん心に残ったこと（中１・女子）
　中学校に入るまでは，体育は「大嫌い」で，「一番苦手」でした。（中略）そんな時，助けてくれたのがＳＴの友達でした。少しでも私が泳げるようになるよう，一生懸命に教えてくれました。私はそのＳＴの大きな思いに心をひかれ，ＳＴの思いに近づけるように，できる分一生懸命頑張りました。最後のアフタービデオ撮影。私はどきどきしながらも友達の気持ちに応えようと必死でした。水中を出た時にかすかに聞こえる友達の応援の声。私は今までのできないことはすべてあきらめてしまう自分を乗り越えたいと思い，必死で泳ぎました。すると25m泳ぐことができました。私は25mをはじめて泳げたうれしさでいっぱいでした。ＳＴの友達も自分のことのように一緒に喜んでくれました。

●体育の授業を好きになった理由（中１・女子）
　私はオーバーハンドパスが苦手で，なかなかＡ評価の回数に届きませんでした。それまでなら，「別にＢ評価くらいでいい」と思って諦めていたかもしれません。その時，ＳＴの友達から「最後までボールを追いかければ，もっと回数が伸びるはずだ」と言われ，私の記録が伸びないのは，「才能」ではなく，すぐに諦めてしまう「気持ち」の問題だと気付きました。その授業から，私は何の競技においても，常に高いレベルを目指して全力で取り組むようにしました。その結果自分の記録を伸ばすだけでなく，バレーボールやバスケットボールのゲームでは，積極的にボールを取りに行き，しっかりとパスをつなぐことができました。ＳＴとして友達に教える機会もあり，今では体育の授業がとても楽しいと思えます。

ドラマ 5　考え方や生き方をも変えられる体育の学習

体育の学習が人生に与える影響の大きさ

　体育以外の教科の授業で，単元が終わる時に「考え方が変わりました」や「生き方が変わりました」という話を聞いたことがありません。

　それに対して，体育の学習における生徒たちが書く感想文では「考え方」や「生き方」が変わるという表現があることは珍しいことではありません。なぜ，体育でそのようなことが起こり得るのでしょうか。それは，運動を学習する過程において「できる」という体験がもつ魅力と言っていいのかもしれません。まさか「できるようになる」とは思っていなかった技能が，「できるようになった」時，感動をともなった喜びが五体を駆け巡っていくのでしょう。その喜びが自分自身の「考え方」や「生き方」をも良い方向へと変えていくのではないでしょうか。

　「ビフォーアフタービデオ」や「ＳＴ学習」を通して，自分と仲間が伸びる経験は生徒たちの考え方や生き方にまで，良い影響を与え，そして変わっていくことが生徒たちの感想文でわかります。

　体育の教科としての醍醐味とはなんでしょうか？　多くの先生方は，生徒たちが運動技能を伸ばしたり，獲得したりすることの中に教科としての醍醐味があると思われていると思います。実際，私も10年目くらいまでそう思っていました。しかし，生徒たちの単元の感想や年間を通しての体育の授業の感想を読むにつけ，「技能を伸ばすこと」「新しい技能を獲得すること」は手段だと思うようになりました。技能獲得のために仲間と豊かに関わりあい，持てる力のすべてを発揮して懸命に取り組む過程を通して，あるいは伸びた自分と仲間の姿を見て，生徒たちは「やればできる！」という自信を身につけていきます。これは，ある意味で自分自身の中に内在する"宝"を発見し

たことに値するようなできごとではないかと思うのです。まさか「できる」ようになるとは思わなかった技能が自分の挑戦や努力、そして教師や仲間の援助によって、「できた」時、豊かな感動体験となるのでしょう。

生徒たちは体育の教科を通して、自分自身の可能性の大きさを知り、自分と仲間の中に眠る"宝"の存在にも気付きます。中学校時代にそのような体験をできることは、人生を必ずや良き方向へ導くことになると思います。

単元全体の感想から見えてくるもの

単元終了時や年間の終わりに生徒たちに感想を書かせて20年になります。感想用紙はＡ４縦用紙に横書き罫線で20行です。この用紙に思い思いのテーマを作って、自由な感想を書きます。生徒たちの心に何が一番残っているかが、感想を読むことで見えてきます。

1998年から開始したこの単元の振り返りの感想書きですが、最初は自分の授業力を向上させるために、自由記述の感想１枚と別に、アンケート形式の感想１枚を書かせるようにしていました。

アンケートには「先生の教え方はどうでしたか？」という項目をつけました。この項目のアンケートをとることは勇気がいりました。辛辣な感想や意見が書かれていたらどうしよう？と不安な気持ちになりました。

しかし、生徒たちは私の不安を吹き飛ばすような真心からの感謝の気持ちを書いてきてくれました。それを見て、ますます指導力を向上させねばならないと思ったものです。

単元終了時にアンケートと感想を書かせるようになって、それまで一単位時間の授業でしか考えられていなかったのが、単元全体の授業を見通して、生徒たちを目指す生徒像まで引き上げようと思うようになりました。

本書でもたびたび紹介したきたように、自由記述でいいので、単元全体の感想を書かせてみてはいかがでしょうか。３年間、手塩にかけて育ててきた生徒たちが３年間の体育の授業を振り返って書く感想は、どれも涙が出そうになるほどの感動に包まれます。自分はこのために頑張ってきたのだなとあ

らためて実感できるくらいです。
　本書の締めくくりとして，体育を通して考え方・生き方を変えた生徒たちの感想文を紹介したいと思います。

●体育の授業を通して学んだ人生の教訓（中3・女子）

　今までの私は，1人でどうにかできるようになろうとしていました。上手な人を真似てみたり，ひたすら練習しまくったり…。それでもなかなか上達しませんでした。しかし，中学校に上がり，体育の授業で「ST学習」をした時，私は皆で教え合うというのも1つの練習法なんだと知りました。今までと同じように，努力を積み重ねるということに「皆で教え合う」ということが加わっただけで，一気に上達していきました。

　STは，先生よりもたくさんいるので，一人一人にしっかりと教えてもらえるので，どこがだめなのか，ではどうすればいいのかなど，自分に合ったアドバイスをしてもらえました。また，自分がSTになった時には，自分が教えた子が上達すると，とても嬉しかったです。

　今まで私は「自分には体育はできない」と思い込んでいました。でも，それは，少し練習方法が違っただけで，周りの力も借りれば，努力が報われないなんてことはないと思います。

　私が体育の授業を通して学んだ人生の教訓は，「努力は必ず報われる」「1人より，2人以上でやる方が良い考えがでてくる」「"できない"はない」です。

●僕のこれからの生き方を変えた水泳学習（中3・男子）

　「ビフォーアフタービデオ」を見て，一人一人の成長がこれほどのものだったことに感激しました。みんなで1つになって成長した日々が1つの大切な思い出になりました。あともう1つ，自分だけの思い出になったのは「AA」になれたことです。下野先生やT君やH君，それに色々な人の協力のおかげです。とっても嬉しかったです。

考え方も変わりました。「できない」ことは「やらない」、「できること」は「一生懸命に行う」という考え方だったけれど、今は何事にも挑戦するという考え方に変わりました。あと、みんな一丸でという考え方が増えました。最初は個人差があったのに、今は1人残らず500m泳げます。これは先生や友達の協力のおかげだと思います。

たった一単元の授業なのに、僕のフォームを変え、もしかすると僕のこれからの生き方を変えた一単元だったのかなぁと思います。これからも「やればできる！」を信じて仲間や下野先生と一緒に、一生の思い出をつくりたいです。

●誇りに思う体育の授業（中3・男子）

体育の授業に「意欲をもって取り組まないといけない」という義務感ではなく、常に「意欲をもたせられる」授業でした。自然と向上心のわいてくる授業で、僕はすべての授業内容で確実に伸びました。そのなかでも、水泳の授業は特に伸び、自分でビデオを見ても、「あぁ　すごいなぁ！」と感心しました。

運動能力の高い人達の部類に入ったのは、中学が初めてでした。

ある日の水泳の授業で、平泳ぎを練習していた時に、モニタリング機能を最大限に生かせたと感じました。M君に僕の泳ぎの欠点を教えてもらっていた時に、自分では気が付けない手の先や足の先のことを指摘されて、それを直そうと意識して練習すると、しだいにM君がOKを出してくれました。すぐに先生に評価をお願いすると、「AA」をとれました。M君は泳ぐのが上手だったけど、欠点を見抜くのも上手でした。でも、こういった授業がなければ、僕はずっと手の先や足の先が変に曲がったまま大人になるところでした。それに技能が伸びるという考え方も理解しました。

僕は下野先生の日本一の授業を受けたことをとても誇りに思います。

そして、教わったいろんなことを高校生になっても生かしていきたいと思います。

おわりに

　国立青少年教育振興機構が平成29年度に行った高校生の心と体の健康に関する意識調査の結果，あらためて日本の高校生が他国と比較して自己肯定感がかなり低いことがわかりました。「私は価値のある人間だ」という項目に対して，「そうだ」と答えた高校生は日本が9.6％，米国が53.2％，中国が27.9％，韓国が48.5％と日本の高校生が他国と比較しても極端に低いことがわかります。

　日本の未来を担いゆくのは間違いなく現在の小中高の子どもたちです。この子どもたちがどのように育っていくかで日本の未来は決まっていくと言っても言い過ぎではないでしょう。日本の明るい将来は教育で決まると思いますし，また教育で切り開くことができると思います。日本は「教育立国」として，国際社会の中で勝負していくべきではないかと思います。

　では，どのようにして教育立国として勝負していけばよいのでしょうか。私は子どもたちの中に眠る宝を授業によって引き出すことが最も有効ではないかと思います。日本の社会体育や部活動は素晴らしい成果をあげて頑張っていることは誰もがよく理解しているところです。しかし，社会体育や部活動で成果をあげている子どもたちは残念ながら一部の子どもたちです。それに対して，学校体育の授業はすべての子どもたちを対象にしています。要はすべての子どもたちを対象にして，彼らに自己肯定感を高めるような授業を仕組むべきだと思います。その第一に体育の教科が名乗りを上げたいと思います。今回，これまでの実践をまとめさせていただく機会をいただきましたので，このチャンスを生かしていきたいと思います。

　この本全体を通して理解していただきたいのは，「特別な準備や環境を整える必要はなにもない」ということです。基本的に考え方を整えていくだけで，普通の学校の普通の環境で十分，最高の成果をあげることができるということが，これまでの研究の成果だと思います。

　教師は自らの指導技術を高めるために学び，研究していくことが求められ

ますが，研究で目指していくのは「名人芸」ではなく，「一般化できる指導法」だと思います。「名人芸」のような指導法に憧れがないと言えばうそになりますが，目指すべきはやる気さえあれば誰でも最高の授業ができる，子どもたち全員を伸ばすことができるということではないでしょうか。

　そのような授業を実践したいと考えておられる先生方の手助けになるようにと，これまでの実践に対する考え方や学習指導の方法等をまとめさせていただきました。向上心と意欲にあふれた先生方の役に立つことができれば，この上ない喜びです。

　この30年間体育の学習を見てきて，涙がでるくらいの感動の場面が数々ありました。それは「アフタービデオ」撮影に向けて，懸命に努力している本人と仲間の姿であったり，「ビフォーアフタービデオ」を視聴している生徒たちの感動であったり，「ST学習」での仲間の伸びに対して一緒になって喜んでいる姿であったりします。

　体育の授業で何を一番に教えなければならないのでしょうか？

　答えは様々であるかと思いますが，「やればできる！」を教えるのが一番大切だと思い，指導してきました。

　体育の学習を通して「やればできる！」体験こそが人生を前向きに開いていくエネルギー源になるのではないでしょうか。どの生徒たちも自分の中に眠る宝に気付いたとき，人生に必要なものは「才能」ではなく「努力」なのだということがわかるでしょう。

　子どもたちが自分を信じて努力の歩みを止めないことが習慣になった時，日本の社会は終わりなき成長を遂げていくのではないでしょうか。体育の教科教育で日本の子どもたちの成長を促す時がきていると思えてなりません。

　最後に編集に関して的確なアドバイスをいただきました大江様に深く感謝申し上げます。この一書が次代の青年教師たちの助けになることを願っています。

　2018年7月

下野　六太

【著者紹介】

下野　六太（しもの　ろくた）

福岡県北九州市生まれ。島根大学教育学部卒業。福岡教育大学大学院修了。

運動が苦手な子どもや運動嫌いな子どもたちが劇的に成長していく姿をとらえた「ビフォーアフタービデオ」を制作し，子どもたちに達成感を味わわせる授業を実践してきた。平成22年度全国学校体育研究発表会福岡大会授業者，読売教育賞体育の部門で優秀賞受賞，文部科学大臣優秀教員表彰受賞。平成27年福岡県市民教育賞教育者奨励賞受賞。平成28年度東書教育賞「中学校の部」優秀賞受賞等。著書に，『跳べた！泳げた！必ずできる！―驚異の下野式体育―』（鳳書院，2012年），DVD『やればできる！下野六太先生のスゴい体育』（ラウンドフラット社，2011年）等。

スペシャリスト直伝！
中学校体育科授業成功の極意

2018年9月初版第1刷刊	©著　者	下　野　六　太
	発行者	藤　原　光　政
	発行所	明治図書出版株式会社

http://www.meijitosho.co.jp
（企画・校正）大江文武
〒114-0023　東京都北区滝野川7-46-1
振替00160-5-151318　電話03(5907)6702
ご注文窓口　電話03(5907)6668

＊検印省略　　　組版所　藤原印刷株式会社

本書の無断コピーは，著作権・出版権にふれます。ご注意ください。

Printed in Japan　　　ISBN978-4-18-038713-7
もれなくクーポンがもらえる！読者アンケートはこちらから→